엄마의
내공으로
영어를
다시 시작합니다

엄마의 내공으로 영어를 다시 시작합니다

초판 1쇄 발행 2023년 4월 28일
초판 5쇄 발행 2023년 6월 26일

지은이 | 홍현주
펴낸이 | 유성권

편집장 | 양선우
편집 진행 | 정지현, 윤경선
편집 | 신혜진, 임용옥
홍보 | 윤소담, 박채원
교열 | 김옥경
디자인 | 명희경
일러스트 | 나리나
마케팅 | 김선우, 강성, 최성환, 박혜민, 심예찬, 김현지
제작 | 장재균
물류 | 김성훈, 강동훈

펴낸곳 | (주)이퍼블릭
출판등록 | 1970년 7월 28일, 제1-170호
주소 | 서울시 양천구 목동서로 211 범문빌딩(07995)
대표전화 | 02-2653-5131
팩스 | 02-2653-2455
메일 | loginbook@epublic.co.kr
인스타그램 | www.instagram.com/book_login
포스트 | post.naver.com/epubliclogin
홈페이지 | www.loginbook.com

로그인은 (주)이퍼블릭의 어학·자녀교육·실용 브랜드입니다.

엄마의
내공으로
영어를
다시 시작합니다

홍현주 지음

로그인

영어는 오래 알았지만
어쩐지 낯선 지인 같아요

저는 커피를 40년 넘게 마셨지만 커피에 관해 설명하는 건 못합니다. 그러나 늘 마시고 있고 이미 생활의 일부이지요. 커피의 맛과 마실 때의 기분은 매일 다르고, 아는 어휘만으로도 그 느낌을 평소에는 충분히 표현하곤 합니다. 그런데 커피 전문가 앞에서는 입도 뻥긋 안 해요.

영어도 많은 한국인에게 그런 기분을 줍니다. 오랫동안 공부를 했고 어지간한 건 사전 찾으면 뜻을 아는데 영어는 항상 못하는 기분. 특히 영어 좀 한다는 사람 앞에서는 말 한마디가 안 나옵니다. 영어뿐인가요, 목표도 있고 노력을 안 하는 것도 아닌데 뭔가 잘못 사는 것 같은 기분. 화두가 영어에서 인생으로 넘어온 이유는 제가 성인교육에 10년 넘게 몸담아 젊은 여성들과 많이 교류해왔기 때문입니다. 주로 30~40대 엄마들이 어린이 영어동화를 읽으며 엄마표 영어를 하겠다고 교수법을 알아보다가 저와 만났습니다. 그들은 또한 영어를 배우면서 함께 공부하는 또래 엄마들도 '동기'라는 이름으로 만났죠. 영어를 다시 해보자는 부푼 꿈을 갖고 지친 마음을 추스르며 서로 용기를 북돋워주는 사람들이 점점 더 모이기 시작했습니다.

저는 그 학생들을 포함해 많은 엄마들이 '요란하게 혀 굴리며 어려운 영어로 말 안 하면 어때?' 하며 뱃심 있게 새로 영어 공부 시작하시라는 바람으로 이 책을 썼습니다. 이제껏 몇 번이고 시도했던 영어 학습, 예를 들어 '오늘이 몇 월 며칠이

냐, 이건 얼마냐, 잘 지내느냐' 등등 생활영어는 이제 진력나고, 아니면 '책 읽어줄게, 밥 뭐 먹을래, 잠 잘 시간이다' 등등 아이를 위해 노력해 보지만 이 또한 엄마 자신에게는 그리 흥미롭지 않았을 겁니다. 그러니 기존의 방식 말고 이제 다른 형식으로 영어를 가까이 해보면 어떨까요? 그동안 획기적인 영어 공부법을 찾지 못했다면, 더 배우겠다고 의지를 불태울 여력과 시간이 없다면 영어로 표현하고자 하는 내용을 다르게 바꿔보자는 뜻입니다.

이 책은 영어책이자 한글 에세이입니다. 재미 삼아 제가 영어 반 한글 반이라는 뜻으로 '반영반한' 도서라고 해요. 육아와 살림, 경우에 따라 직장생활, 한마디로 지친 생활 속에 점점 멀어져가고 잊혀지는 영어를, 점점 바닥으로 떨어지는 자존감을 붙잡고 싶은 여성들을 위하여 한 페이지는 영어로, 그 상황을 공감하면서 이럴 때는 이렇게 영어로 표현할 수 있다고 알려드리는 의미에서 한 페이지는 한글 에세이로 함께 썼습니다.

엄마들의 일상을 영어로 학습할 수 있다면 오늘 나의 하루가 어땠는지, 며칠째 머리에 맴도는 이 잡념은 무엇인지 정리하며 동시에 공부도 가능합니다. 육아로 인한 시름, 인간관계의 불만도 영어로 표현이 가능해집니다. 이미 알지만 자동으로 선뜻 나오지 않는 수동적인 어휘와 표현을 내 삶과 밀착한 상황에 써보면서 영어도 일상도 능동적으로 만들어가기.

쉽게 말해 그냥 이미 아는 단어로 나의 기분, 느낌, 생각을 표현하고 그런 습관이 곧 영어 공부로 확장될 수 있다는 말입니다. 머릿속에 늘 맴도는 '그것들'이 영어로 표현된 것을 보면 공감이 가면서 어느새 나도 영어를 하고 싶어질 겁니다. 들여다보면 쉬운데 왠지 약간 고차원적인 대화가 되는 기분도 들고요.

머릿속의 '그것들'은 불안, 결핍, 그리고 성공을 향한 갈증이 만들어내지요. 젊음이라는 특권이 부과하는 세금입니다. 저는 이제야 알겠습니다. 당장 되지 않는 일은 나중에 될 일과 같은 말이더군요. 결국 시간을 채워야 이루어질 일에 대해 지금 초조하게 가속 페달을 밟는 사람들이 의외로 많습니다. 그분들께도 몇 말씀 드렸습니다. 저도 젊음을 누리고 똑같은 불안을 겪었기에 응원도 하고 위로도 드리며 때로는 따끔한 소리도 합니다.

오늘도 혼이 쏙 빠지는 하루를 보낸 그대여,

하루해가 넘어가거든 잠시 책을 펼쳐

더도 말고 덜도 말고 하루 한 줄,

한 문단씩 그저 눈이 가는 곳부터 읽어보시기를.

2023년 봄, 홍현주 드림

chapter 03

아이가 나를 키운다

chapter 04

엄마이기에 노력해야 하는 일

chapter 05

좋은 엄마가
되고 싶어

chapter 06

일하는 엄마가
해내야 하는 것

chapter 07

나를 응원하는 시간

chapter 08

세상에 대한 관심

chapter 01

엄마라는
이름

My children's smiles make my heart race.

I feel something warm flowing through my body.

I don't know what it is and how it happens.

Scientists say it's all about chemicals,

but I'd rather call it love.

내 아이들의 미소는 내 심장을 두근거리게 한다.
따스한 무언가가 온몸을 흐르는 기분이다.
그게 무엇인지, 어떻게 그러는지 모르겠다.
과학자들은 그게 다 화학물질이라지만,
난 사랑이라 부르겠다.

 •••이것만은 기억해요

make [A] [동사] (주어가) A를 ~하게 만들다 | heart 심장 | race 빨리 달리다, 두근거리다 |
flow through ~을 관통하여 흐르다 | body 몸, 신체 | happen 생기다 | scientist 과학자 |
all about 전부 ~인 것 | chemicals 화학물질 | I'd rather [동사] = I would rather [동사] ~
이라 (선택)하겠다 | call [A] [B] A를 B라고 부르다

사랑은 물질

쌔근쌔근 숨소리, 자기 방귀에 놀라 커지는 눈, 오물거리는 입술, 공중에 대고 흔드는 작은 주먹. 아, 이 냄새! 자식이 있는 삶에서 엄마의 중요 일과는 뽀뽀입니다. 엄마 입술이 닿지 않은 데가 없는 생명체가 바로 아기예요. 말이라도 하기 시작하면 뽀뽀 횟수는 더 늘어나지요. 이 세상에서 경험할 수 있는 것이 헤아릴 수 없이 많지만 그중 가장 신기한 건 자식이 생기는 일 아닐까요?

그 무엇으로도 대체할 수 없는 신비. 자식에 대한 사랑은 우리의 언어가 다 닿지 못합니다. 말로는 설명이 되지 않으니까요. 엄마 품을 파고드는 손발, 음식을 받아먹고는 방긋방긋, 움직여봤자 어설픈 몸동작……. 모두 너무너무 예쁩니다. 최상의 아름다움은 주무실 때 발산하죠. 천사 인형은 우리 아이 자는 모습을 보고 만들었을 겁니다. 모든 것이 왜 다 특별하게 느껴질까요? 아이를 볼 때마다 알 수 없는 무언가가 찌릿하고 온몸의 혈관을 타고 흐릅니다. 엄마의 몸 구석구석을 타고 흐르는 신비로운 그 무엇. 혹시 이게 사랑일까요? 그렇다면 사랑은 추상이나 관념이 아닌 물질일 겁니다.

오늘의 한 문장···

My children's smiles make my heart race.
내 아이들의 미소는 내 심장을 두근거리게 한다.

Sometimes I feel that I'm not good enough.

I wish I were a better mom for my baby.

I want to be a perfect mom, but I'm not.

I don't know much, but I know one thing for sure.

I love my baby, so I'll keep trying to be a good mom.

어떨 때는 내가 너무 부족한 것 같아.
내 아가에게 더 좋은 엄마라면 얼마나 좋을까.
완벽한 엄마가 되고 싶지만 난 아냐.
난 아는 건 별로 없지만 한 가지는 확실히 알아.
내 아가를 사랑하기에 난 좋은 엄마가 되려고 계속 애쓸 거야.

 ···이것만은 기억해요

sometimes 가끔 | **feel that** ~라 느끼다, ~인 것 같다 | **not good enough** 충분치 않은 |
I wish (that) I were ~ 내가 ~라면 좋을 텐데 | **perfect** 완벽한 | **for sure** 확실히 | **keep trying to [동사]** 계속 ~을 시도하다

＊형식을 명확히 갖춰야 하는 문서 외에는 feel that [문장] 대신 feel like [문장]도 실제로 많이 사용함.

16

엄마도 엄마가 처음이라

새내기 엄마들은 아이한테 늘 미안한 심정입니다. 엄마로서 겪는 어떤 일이든 처음이니까 당연히 잘 모르겠고 자주 실수를 하니 자신이 부족한 엄마라는 생각이 들기 때문이지요. 그런데 엄마였던 적이 없는데 어떻게 처음부터 엄마 노릇을 잘할 수 있겠어요? 잠 못 이루며 하는 모든 걱정과 몸이 으스러지도록 하는 그 노동만으로도 당신은 충분히 훌륭한 엄마입니다. 생각을 바꾸세요.

"내 아이에게 나만큼 잘할 수 있는 사람은 어디에도 없다."

유능하다는 옆집 엄마도, 멋지다는 위층 엄마도 내 아이는 절대 돌보지 못합니다. 내 아이에게는 나만 필요하고 나만이 최고의 엄마 서비스를 제공할 수 있어요. 자기 삶을 다 내어주며 사랑하고 있다는 사실이 그 증거입니다. '내 자식에게 나는 최고의 사람'이라고 확신하는 엄마가 되세요. 아이 귀에 대고 "내가 널 어떻게 키운 줄 알아?"라고 생색을 내도 돼요. (단, 아이가 다 큰 다음에는 하지 맙시다. 아이가 그렇게 키워달라고 한 건 아니니까요.)

오늘도 하루 종일 아이 돌보느라 씨름하셨나요? 수고하셨어요, 그대는 이미 최고의 엄마입니다.

오늘의 한 문장···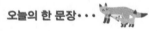

I want to be a perfect mom, but I'm not.
완벽한 엄마가 되고 싶지만 난 아냐.

I remember the day when you first called me, "Mama."

It was the most magical moment of my life.

I love every second of being your mom.

Things are tough, but as long as I'm your mother, it's okay.

Thank you for being my child.

네가 날 처음 '엄마'라고 부른 날을 기억해.
내 인생 최고의 마법 같은 순간이었지.
네 엄마로 사는 모든 순간이 좋아.
힘들기는 하지만 내가 너의 엄마인 한, 괜찮아.
내 아이여서 고마워.

 · · · 이것만은 기억해요

remember ~를 기억하다 | **call [A] [B]** A를 B라고 부르다 | **magical** 마법 같은 | **moment** 순간 | **every second** 매 순간 | **things** 상황, 사정 | **tough** 고된, 힘든 | **as long as** ~인 한 | **thank [A] for ~ing** ~에 대해서 A에게 감사하다

네가 날 '엄마'라고 불러준 순간

엄마만 가질 수 있는 신기한 능력이 있어요. 바로 아기의 울음과 옹알이를 찰떡같이 알아듣는 능력입니다. '우유 주세요', '나를 봐요', '안아주세요', '아파요', '졸려요'. 엄마들은 어떻게 이걸 구분할까요? 엄마에게는 신기하게 작동하는 아기 말 번역기가 장착돼 있기 때문이지요. 이런 옹알이 대화도 신기한데 어느 날 아기의 입에서 "ㅁ마!" "아암마"라는 말이 나온다면? 이 순간의 감동은 정말이지 말로 표현 불가입니다! 그냥 "아~" 하고 입을 벌리다 나온 소리 아니냐고 할 수도 있겠지만 엄마 귀에 그건 분명 '엄마'입니다.

지구상의 수많은 언어에서 '엄마'라는 단어에는 a 모음과 m 자음이 들어간다고 합니다. 입을 벌렸을 때 가장 힘들이지 않고 내는 모음이 a이고, 입술을 다물었다 뗄 때 나는 소리가 m인데, 인간이 최초로 해야 할 의미 있는 말이 '엄마'이기 때문에 그렇다는, 꽤 설득력 있는 이유가 붙어 있지요. 한국어 또한 입을 다물었다 벌리면 저절로 나는 소리가 umma, 바로 '엄마'입니다.

오늘의 한 문장•••

I love every second of being your mom.
네 엄마로 사는 모든 순간이 좋아.

My self-esteem is dropping every day.

Am I doing a good job as a mom?

I want to be sure if I'm doing enough for my kids.

I think that being a mom is a very lonely job.

It's tough but I will stand strong because I am a mom.

나의 자존감은 날마다 떨어진다.
내가 엄마로서 잘하고 있는 걸까?
아이들에게 충분히 잘하고 있는지 확신을 갖고 싶다.
엄마가 된다는 건 아주 외로운 일이라고 생각한다.
힘들지만 버틸 것이다, 나는 엄마니까.

 •••이것만은 기억해요

self-esteem 자존감 | **drop** 떨어지다 | **every day** 매일 | **do a good job** 잘하다 | **want to be sure** ~를 확신하고 싶다 | **do enough** 충분히 하다 | **as** ~로서 | **lonely** 외로운 | **stand strong** 꿋꿋이 버티다

내 이름은 김두란

"저는 아이에게 김과 두부, 계란만 주는 엄마예요. 애들이 엄마 이름이 김두란인 줄 알 겁니다." 우스갯소리지만 매일 한 끼 차리는 것도 벅차 마음이 편치 않은 엄마의 하소연입니다. 학교 다닐 때는 공부를 퍽 잘했고, 직장인으로서도 유능한 편인데 엄마로서는 자격 미달 같다고도 합니다.

문제는 '비교'에서 나오지요. 매일 한정식집처럼 가족들의 식탁을 차리는 엄마, 집을 호텔처럼 꾸미는 엄마, 아이 옷을 직접 만들어 입히는 엄마, 그리고 직접 아이 공부를 가르치는 엄마도 있으니 나는 솜씨도 재주도 없이 왜 이럴까 싶다네요. 세상에는 참으로 대단한 엄마들이 많기는 해요. 나도 하루 24시간을 48시간처럼 쪼개어 정신없이 살고 있는데 속내를 살펴보면 엉성하기 짝이 없어 한없이 작아지고 맙니다.

그런데 뭐 어때요, 그들은 그들 방식대로, 나는 그냥 내 방식대로 사는 거예요. 그게 최선인데 누가 탓을 합니까? 김, 두부, 계란이 어때서요? 다 영양가 최고의 완전식품이잖아요. 괜찮습니다, 김두란 씨! 그대의 아이에게는 그대가 최고의 엄마랍니다.

오늘의 한 문장 •••

Am I doing a good job as a mom?
내가 엄마로서 잘하고 있는 걸까?

My son doesn't seem to be growing well.

A routine check-up showed that my son is smaller than average.

Everyone says that he looks too skinny.

I try to make my own healthy baby food for him,

but I am worried because he doesn't eat well.

우리 아이가 쑥쑥 자라지 못하는 것 같다.
정기 검진 결과 우리 아이가 평균보다 작다고 한다.
사람들이 우리 아이가 너무 말랐다고 한다.
나는 건강한 유아식을 만들어주려고 노력한다.
그런데 아이가 잘 먹지 않아서 걱정이다.

 •••이것만은 기억해요

doesn't seem to ~하는 것 같지 않다 | **grow** 자라다 | **routine check-up** 정기 검진 | **[비교급] than average** 평균보다 (더/덜) ~하다 | **too skinny** 너무 마른 | **healthy** 건강에 좋은 | **be worried** 걱정이다 | **because** ~이기 때문에
＊영유아 검진 the regular check-up for infants and toddlers

22

조금 느려도 괜찮아

아이가 작다는 말을 들으면 속상하지요? 이유식도 유기농 재료로 정성껏 만들어 먹이고, 성장판 자극을 위해 시간 날 때마다 마사지도 해주는데 왜 우리 아이만 더디 크는지. 말문이 트이는 것도 그래요. 우리 아이랑 생일이 같은 산후조리원 동기의 아이는 벌써 기본 의사소통은 물론 노래까지 부른다는데 우리 아이는 이제 겨우 '엄마', '맘마' 정도만 해요. 그래서인지 영유아 검진 때 엄마들이 은근히 스트레스를 받아요.

전문가들 말에 따르면, 아이마다 발달 속도가 다르다고 합니다. 영유아 시기에는 조금 더디 자라다가 초등학교 때 또는 사춘기 때 급성장하는 아이도 많습니다. 말을 못하다가 어느 순간 갑자기 완벽한 문장을 구사하는 아이도 많고요. 그러니까 나중에 보면 영유아 시기의 약간 늦은 발달은 아무것도 아니에요. 아이가 하루 종일 쫑알대는 소리를 듣다 보면 문득 그때의 걱정이 하찮은 것이었음을 알게 될 겁니다. 육아는 기다림이라는 말, 전적으로 동의!

오늘의 한 문장•••

I am worried because he doesn't eat well.
아이가 잘 먹지 않아서 걱정이다.

I wanted to do a good job as a mom and a wife.

I also wanted to be a nice daughter-in-law and a daughter.

It was me that should handle all of these roles.

I've realized, however, that I can't be good at everything,

and it's okay to mess up sometimes.

엄마로서, 아내로서 다 잘하고 싶었다.

좋은 며느리, 좋은 딸도 되고 싶었다.

이 모든 역할을 다 해야 하는 건 바로 나였다.

그러나 나는 깨달았다. 다 잘할 순 없다는 걸,

가끔은 엉망이어도 괜찮다는 걸.

 •••이것만은 기억해요

do a good job 잘해내다 | **also** 또한, ~도 | **daughter-in-law** 며느리 | **handle** ~을 처리하다
| **role** 역할 | **realize** ~를 깨닫다, 알게 되다 | **be good at** ~를 잘하다 | **mess up** 실수하다,
망치다 | **sometimes** 가끔, 때때로

괜찮아요, 괜찮습니다

'도대체 내게 주어진 역할이 몇 개란 말인가?'

허덕이며 30, 40대를 보낼 때 자신에게 수없이 했던 질문입니다. 한 아이의 엄마로, 한 가정의 아내로, 걱정 많은 부모님의 자식으로, 그리고 직장인으로 허덕이며 살았어요. 모두의 기대를 만족시키는 사람이 되고 싶었지만 그렇지 못한 나의 무능을 탓했습니다.

메리 올리버Mary Oliver 시인의 〈기러기Wild Geese〉라는 시를 아시나요? 댓바람에 '잘해야 할 필요는 없다' 또는 '착할 필요 없다'는 뜻인 'You do not have to be good'으로 시작되는데 그만 눈물이 핑 돕니다. '슈퍼우먼 증후군'이란 말이 있어요. 가정이든 직장이든 어디에서나 완벽하려고 애쓰는 과정에서 경험하는 신체적, 심리적 스트레스를 일컫는데 사실은 타인의 시선에 신경 쓰고, 자기 자신에게 관대하지 않아서 생기는 증상입니다.

'완벽하다', '유능하다'의 기준은 누가 정하는 걸까요? 그 기준에 맞추려 애쓰느라 나를 돌볼 시간이 없다면 몇 개는 과감히 버려도 돼요. 타인들 눈에 들기 위해 노력하다 진이 빠진다면 정중하고 친절하게 거부하세요. 괜찮아요, 괜찮습니다!

오늘의 한 문장···

I've realized, however, that I can't be good at everything.
그러나 다 잘할 순 없다는 걸 알았어.

I wonder if my mom also felt this way,

when she scolded me for doing wrong.

Sometimes I am strict with my kids, even though it's hard.

Now that I know what it is like to be a mom,

I am so thankful for everything she did for me.

엄마도 이런 기분이었을까.

내가 잘못해서 나를 꾸중했을 때.

때때로 난 아이들에게 엄격하다. 그게 힘들기는 하지만.

엄마가 된다는 게 어떤 건지 알고 나니,

엄마가 내게 해준 모든 것에 감사하다.

 • • • 이것만은 기억해요

I wonder if ~이었을까 궁금하다 | **this way** 이런 식으로 | **scold [A] for [B]** B로 인해 A를 혼내다 | **do wrong** 잘못하다 | **strict** 엄한 | **even though** ~이기는 하지만 | **now that** ~하고 나니 | **what ~ like = how** ~(이)란 것이 어떠한지 | **be thankful for** ~에 대해 감사하다

엄마도 이런 기분이었을까

지금이야 서른 훌쩍 넘어 결혼하는 것이 일반적이지만 우리 부모님 세대만 해
도 스무 살을 갓 넘기면 결혼하고 가정을 꾸렸지요. 그뿐인가요, 보통은 셋 이
상의 아이를 낳았으니 어린 사람이 어린아이를 키우신 셈입니다. 어려서는 엄
마한테 섭섭한 게 많았어요. 너도 자식 낳아 키워보라는 말, 엄마가 되면 엄마
를 이해한다는 말은 진부하다고 생각했습니다. 그런데 아이를 키우는 사람
이라면 그게 아니라는 걸 어느새 깨달았을 겁니다.

'그래서 그때 우리 엄마가 그랬구나' 하는 때가 오더군요. 이미 성인이 됐음에
도 저는 제 아이가 여전히 예쁩니다. 그럼에도 어쩔 수 없이 일부러 엄하게 대
하는 때가 있어요. 원하는 걸 무조건 다 하게 허용할 수는 없기 때문입니다. 부
모로서 아이가 옳음을 행하고 그름을 절제해야 한다는 걸 가르쳐야 한다는 의
무감이 큽니다.

그리고 이제 알겠어요, 그때 나를 호되게 혼냈던 엄마의 마음을. 제 아이는 엄
한 엄마한테 불만이 있을 겁니다. 하지만 아이도 제 나이가 되면 깨닫겠지요.
제가 오늘 왜 그랬는지를.

오늘의 한 문장・・・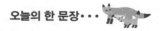

I am so thankful for everything she did for me.
엄마가 내게 해준 모든 것에 감사하다.

What if I could go back in time 10 years?

Would I have chosen a different path back then?

Would I have chosen to get married or to live alone?

I sometimes regret my choices and imagine what I could have

been, but there is one thing I am sure of:

I would still want to be my kids' mother.

만약 10년 전으로 돌아갈 수 있다면?

지금과는 전혀 다른 선택을 했을까?

결혼을 했을까 아니면 혼자 살았을까?

가끔은 후회도 하고 내가 어땠을까 상상하기도 한다.

하지만 단 한 가지, 분명한 건 있다.

여전히 '내 아이들의 엄마'이고 싶다는 것.

 ···이것만은 기억해요

what if ~라면 어떨까? | **go back** 되돌아가다 | **choose** 선택하다(과거형 chose, 과거완료 chosen) | **path** 길, 행로 | **get married** 결혼하다 | **alone** 홀로 | **regret** ~를 후회하다 | **choice** 선택 | **imagine** ~을 상상하다 | **what [A] could have been** A가 되었을 수도 있는 것 | **there is~** ~이 있다 | **be sure of** ~을 확신하다 | **still** 여전히

내 인생 최고의 선택

오늘 우리의 삶은 젊어서, 혹은 그보다 더 오래전에 내린 결정의 결과죠. 당연히 후회스러운 것도 있을 테고, 후회까진 아니어도 가보지 않은 길에 대한 아쉬움도 있을 겁니다. 제 경우엔 공부를 오래 하지 않고 회사에 취직했더라면 하는 생각을 종종 했습니다. 멋진 정장을 입고 한 손엔 아메리카노를 든 채 머리카락 휘날리며 빌딩 로비를 걷는 상상을 하곤 했어요.

마흔을 넘겨서까지 공부를 한 탓에 살림과 육아를 병행하며 책장을 넘기는 고통이 참 컸습니다. 강의실을 나오면서 저녁 반찬을 뭘 할지 고민하고, 내일까지 제출해야 할 과제 앞에서 쉽게 잠들지 않는 아이를 잠깐이나마 미워하기도 했죠. 많은 것을 포기했고, 남을 부러워하느라 그로 인해 놓친 것도 많고, 아쉬운 것도 많지만 조금도 후회스럽지 않은 게 딱 하나 있습니다.

그건 내가 내 아이의 엄마라는 사실!

아무리 생각해도 아이를 낳아 함께한 건 제 인생 최고의 선택이었습니다.

오늘의 한 문장•••

I would still want to be my kids' mother.
여전히 내 아이들의 엄마이고 싶다.

People say, 'Listen to your inner voice.'

They say, 'Don't shush it and follow up on it.'

However, my inner voice often tells me 'Don't do it.'

Sometimes it says, 'But I'm qualified for it.'

Now it is getting louder and shouting, 'Hey, just go for it!'

사람들은 자기 안의 목소리를 들으라고 한다.

그 소리를 막지 말고 그대로 따르라고 한다.

그런데 내 안의 소리는 자주 '하지 마'라고 속삭인다.

어떤 때는 '그치만 난 그럴 자격이 있잖아'라고도 한다.

이제는 점점 더 커져서 '그냥 해!'라고 소리치네.

 ···이것만은 기억해요

inner voice 마음의 소리 | **shush** ~를 말하지 못하게 하다 | **follow up on** ~를 따르다 | **however** 그러나 | **be qualified for** ~에 합당하다, 자격이 되다 | **get [비교급]** 점점 ~하다 | **shout** 소리치다 | **go for it** 해보라, 나서라

마음의 소리가 속삭일 때

생각과 실천 사이의 거리는 왜 그리 멀까요? 생각한 대로 곧바로 실행하는 사람은 많지 않을 거예요. 이걸 할까 말까 하다가 마는 일이 대부분이죠. 새로운 도전이나 시도 앞에서 머뭇거리게 되는 건 어쩌면 당연합니다. 그런데 이상하게 뭐라도 시도해본 사람은 잘못돼도 후회가 짧은데, 시도조차 해보지 않은 사람의 후회는 참 오래갑니다.

'an inner voice'라는 말이 있어요. 말 그대로 내 안의 소리지요. 나에게 달라붙어 사라지지 않는 생각과 느낌을 말합니다. 마음의 소리는 '내가 그걸 감히 어떻게 하겠어?'라고 겁을 줬다가 또 '포기하면 안 되지'라고 집요하게 속삭입니다. 변화에 대한 열망 앞에서 나를 가로막는 가장 큰 적인 동시에, 때로는 용기의 원천이기도 한 '내 안의 소리'들.

"괜찮아, 해봐."

"하지 마. 어차피 안될 거야."

둘 중의 어떤 소리에 넘어가는 게 좋을까요?

오늘의 한 문장···

Listen to your inner voice.

자기 안의 소리를 들어라.

The hardest prison to escape is my mind.

I should decide if I am ready to change my life.

I don't believe that someone can help me on this.

It only takes one person to change my life.

It's me.

가장 벗어나기 힘든 감옥은 내 마음이다.
내 인생에 변화를 꾀할지 말지 결정해야 한다.
누군가가 도와줄 거라 생각하지 않는다.
내 삶을 변화시킬 사람은 딱 한 사람.
바로 나다.

 ···이것만은 기억해요

the hardest 가장 어려운 | **prison** 감옥 | **escape** ~에서 탈출하다 | **mind** 마음, 정신, 생각 |
decide ~를 결정하다 | **if** ~인지 아닌지 | **be ready to** ~할 태세를 갖추다 | **it takes [A] to [동
사]** ~을 하는 데는 A가 든다, 필요하다

방법은 두 가지, 무시하거나 맞서거나!

고민한다고 해서 나아지는 것도 달라지는 것도 없는데, 같은 생각이 들고 또 들면서 쉽게 잠이 오지 않는 밤이 있지요. 몸도 정신도 피곤한 채로 아침에 일어나면 불면의 밤 내내 깊고 깊은 땅굴을 판 기분입니다. 뇌가 쉬지 못하고 밤새 작동된 거죠. 그런데 곰곰이 잘 살펴보면 문제가 많은 게 아니고 잡념이 많은 거예요. 육아, 회사일, 부부 문제, 시댁 또는 친정 등 새삼스럽지 않은 문제를 자꾸만 곱씹는 거니까요. 마음의 감옥에 갇힌 듯 헤어나오지 못하고 하염없이 무언가를 생각합니다.

하지만 세상에 내 맘대로 바꿀 수 있는 건 거의 없더라고요. 더군다나 나와 관련된 상대와 주변을 내 뜻대로 바꾸는 것은 불가능해요. 생각의 굴, 마음의 감옥에서 빠져나오려면 내가 바뀌어야 해요. 내가 먼저 바뀌어야 세상이 바뀌고, 사람들이 달라져 보입니다. 방법은 두 가지, 무시하거나 맞서거나!

오늘의 한 문장···

The hardest prison to escape is my mind.
가장 벗어나기 힘든 감옥은 내 마음이다.

chapter 02

아이가 자란다,
나도 자란다

I have decided to send my child to preschool.

It was terribly difficult to find a good place for him.

I am so nervous that I want to change my decision.

My child seems a little nervous, too.

We will both have to get used to their routine.

아이를 어린이집에 보내기로 마음먹었다.
아이를 위해 좋은 곳을 찾기가 너무나 힘들었다.
너무 걱정이 되어 결정을 바꿀까 싶기도 하다.
아이 역시 살짝 긴장한 것 같다.
우리 둘 다 어린이집 일정에 익숙해져야 하리라.

 ••• 이것만은 기억해요

decide to [동사] ~하기로 결정하다 | **send [A] to [B]** A를 B로 보내다 | **preschool** 어린이집
| **terribly** 매우 | **difficult** 어려운 | **nervous** 긴장한, 초조한 | **so [형용사] that** 너무 ~해서 ~
하다 | **decision** 결정 | **seem [형용사]** ~인 것 같다 | **both** 둘 다 | **get used to** ~에 익숙해지
다 | **routine** 정해진 일정

너를 처음 품에서 떼어놓던 날

두 돌 전후, 우리 나이로 서너 살이 되면 어린이집 등 기관에 아이를 보내기 시작하지요. 직장으로 복귀해야 해서 보내는 엄마도 있고, 아이의 사회성 발달을 위해 보내는 엄마도 있고, 또 몇 시간만이라도 육아에서 벗어나고픈 마음에 보내는 엄마도 있어요.

그럴 때 하루 24시간 내 품에 끼고 살던 아이를 집이 아닌 공간에서, 그것도 내가 아닌 다른 사람 손에 맡기기까지 엄마는 수백, 수천 번을 고민합니다. 엄마와 떨어지기 싫다며 우는 아이를 들여보내놓고는 차마 발이 떨어지지 않죠. 며칠 그러다 차츰 나아져 이제 좀 적응하나 싶으면 아이는 다시 버스에 타지 않겠다고 울어대요. 그럴 때 무얼 위해 이래야 하나 싶기도 하고, 이렇게 사는 게 맞나 하는 의문도 듭니다.

저 역시 그랬어요. 하지만 그런 날들이 모이고 모여 아이와 엄마는 성숙해졌네요. 지난 기억은 아팠더라도 이야깃거리로 남았습니다. 가끔 그때 얘기를 하며 추억에 젖어요. 혹시 지금, 매일 아침마다 등원 전쟁이 힘드신가요? 육아 선배로서 말씀드릴게요. 지나고 보면 지금 힘들었던 일들 모두 추억이 됩니다.

오늘의 한 문장•••

I have decided to send my child to preschool.
아이를 어린이집에 보내기로 마음먹었다.

My daughter has started going to kindergarten.

I think I am more nervous than she is.

Today I looked at her through the classroom window.

Her smiling face told me that she was having fun.

I can't believe she has grown up that much!

우리 딸이 유치원에 다니기 시작했다.
아이보다 내가 더 긴장하는 것 같다.
오늘은 교실 창밖에서 아이를 들여다보았다.
아이의 웃는 얼굴이 재미있어 한다는 걸 알게 해줬다.
우리 딸이 언제 저렇게 컸는지 믿기지가 않네!

 •••이것만은 기억해요

kindergarten 유치원 | **nervous** 긴장한 | **look at** ~을 보다 | **through** ~을 통하여 |
classroom 교실 | **window** 창문 | **tell [A] that ~** A에게 ~임을 알게 해주다 | **have fun** 재미
있게 지내다 | **can't believe** ~가 믿기지 않다 | **grow up** 성장하다 | **that much** 저렇게 많이

한 뼘 더 성장한 널 응원해

아이를 어린이집에 보낼 때도 고민이 많지만 조금 더 자라 유치원에 보낼 때도 역시나 엄마는 걱정이 많습니다. 아이가 처음으로 경험하는 큰 기관이다 보니 적응을 잘해낼지 궁금합니다. 유치원 다니면 자주 아프다더라, 더러 친구한테 맞기도 한다더라 하는 소리가 여기저기서 들리기도 해요.

반 친구인 20명 내외의 아이들과 한 공간에서 지내야 하는 곳이 유치원이에요. 게다가 학교에 가기 전이라 나름 수업도 있습니다. 아이 스스로 해야 할 일도 생기고 지켜야 할 규칙도 많아지지요. 그렇다 보니 적응을 잘할지 걱정스러워 초반에는 마음 졸이며 아이의 하원만 기다리게 될 거예요.

하지만 우리 아이들은 엄마의 걱정이 무색하게 규칙도 잘 따르고 선생님 말씀도 잘 들으며 친구들과도 즐겁게 지냅니다. 그걸 증명하듯 하원할 때 생글거리며 손에 무언가를 쥐고 올 거예요. 찌그러진 상자, 잘못 붙인 색종이, 무엇을 그린 건지 도통 알 길 없는 추상 작품 등등, 일명 예쁜 쓰레기. 이런 것들 버리지 말고 꼭 모아두세요. 집은 아이들의 박물관이니까요.

오늘의 한 문장 • • •

I can't believe she has grown up that much!

우리 딸이 언제 저렇게 컸는지 믿기지가 않네!

Before the first day of my son's elementary school classes,

I was so anxious that I couldn't sleep a wink.

The first day of kindergarten was nothing compared to this.

My son is bragging about going to school to his grandma.

I am sure he'll be fine because he did well in kindergarten.

우리 아들 초등학교 수업 첫날을 앞두고
너무 불안해서 거의 잠을 이루지 못했다.
유치원 입학하던 날은 이에 비하면 아무것도 아니었구나.
아이는 학교에 간다고 할머니께 자랑 중이다.
유치원에서 잘했으니 분명 괜찮을 거야.

 ···이것만은 기억해요

elementary school 초등학교 | school class 학교 수업 | anxious 불안한 | cannot sleep a wink 한숨도 잘 수 없다 | kindergarten 유치원 | compared to ~에 비해 | brag about ~을 자랑하다 | be sure (that) ~을 확신하다 | fine 괜찮은, 좋은

어쩌다 학생, 엉겁결 학부모

언제 자랄까 싶었던 아이가 어느새 커서 초등학교에 간다네요. 그야말로 어쩌다 학생이 됐습니다. 아직 한없이 작고 어리기만 한데 학교라니요. 그런데 여덟 살 초등 1학년이 일곱 살 유치원생보다 어리다는 말 들어 보셨나요? 유치원에서 일곱 살은 최고 언니, 최고 형님이지만 초등학교에서는 1학년이 가장 어리기 때문에 나온 말입니다. 유치원처럼 밀착해서 돌봐주는 교사가 없으니 학기 초에는 대소변 실수를 하는 아이들이 간혹 있다고 합니다. 유치원 일곱 살보다 더 아기라는 말이 맞네요.

엄마들도 일상에 변화를 겪습니다. 서너 시쯤 하원했던 아이가 4교시나 5교시를 마치고 한 시쯤 귀가하니 조금 과장해서 설거지하고 돌아서면 아이들이 집에 옵니다. 워킹맘들은 아이 맡길 곳을 찾느라 마음이 급해져요. 아이의 초등학교 입학을 앞두고 직장을 그만두는 경우가 많은 것도 이 때문이지요. 저도 이때는 하루하루 아이 걱정을 하느라 일을 하면서도 마음이 편치 않았습니다. 학교라는 넓은 세상으로 나아가는 아이들, 그리고 엉겁결에 학부모가 된 엄마들, 모두 응원합니다!

오늘의 한 문장···

I am sure he'll be fine because he did well in kindergarten.
유치원에서 잘했으니 분명 잘할 거야.

Now that my son is in elementary school,

there are so many things for him to do.

He needs to make a habit of doing little things,

such as washing his face and getting his backpack ready.

Every day, I am teaching him how to do things on his own.

아이가 초등학생이 되고 보니
아이가 할 일이 매우 많다.
세수를 하고 가방을 싸는 것처럼,
사소한 일들을 하는 습관을 들여야 한다.
나는 매일 아이가 스스로 할 수 있도록 가르치고 있다.

 • • • 이것만은 기억해요

now that ~인 지금, ~하고 나니 | **elementary school** 초등학교 | **there are ~** ~이 있다 | **make a habit of doing ~** ~하기를 습관으로 만들다 | **such as** (예를 들면) ~와 같은 | **backpack** 가방 | **get [A] ready** A를 준비하다 | **teach [A] how to [동사]** A에게 ~하는 법을 가르치다 | **on his own** 스스로 알아서(on one's own)

어엿한 고사리손 생활인

초등학생이 되었다고는 하지만 여전히 작고 서툰 고사리손으로 이것저것 해내야 하는 아이를 보기가 안쓰럽습니다. 그런데 등교 시간, 취침 시간에 쫓겨 아이가 할 일을 엄마가 자꾸 대신해주면 알아서 책가방을 싸거나 숙제를 하는 게 쉽지 않더군요. 특히 제 아이는 행동이 느려서 할 일을 스스로 하는 습관을 들이는 데 참 오래 걸렸어요.

중요한 일은 작은 일이 다 되어 있어야 가능합니다. 예를 들면 숙제라는 중요한 일을 하기 위해서는 하교 후 손을 씻고 옷을 갈아입고 알림장을 확인하는, 작은 일을 먼저 해야 합니다. 작지만 중요한 이런 일련의 과정을 해내지 못하면 학생으로서 제일 중요한 일인 숙제하기가 버거운 과제가 돼요. '과제착수력'이라고 해야 할까, 주어진 일을 수월하게 할 수 있는 능력은 사소한 생활 습관이 잡혀 있어야 합니다.

자녀가 해야 하는 모든 일들을 도와주고 싶더라도 세수하기나 신발 신기 정도는 아이 스스로 하게 두세요. 깨끗하게 못하더라도, 시간이 지체되더라도 기다리셔야 합니다. 스스로 해낸 뒤에 듣는 칭찬의 맛을 아이가 알게 하세요. 그 작은 성취감이 다음 단계로 나아가는 원동력이 됩니다.

오늘의 한 문장···

Every day, I am teaching him how to do things on his own.
매일 아이가 스스로 할 수 있도록 가르치고 있다.

"How was your day?" is just a routine question.

I help my daughter recall what she did at school in a different

way.

Today, I told her what I did all day and asked, "How about you?"

She said she drew a picture in her art class today.

She also said her teacher gave her homework.

"오늘 어땠니?"는 일상적으로 하는 질문일 뿐이다.

나는 다른 방법으로 딸이 학교에서 한 일을 떠올리도록 돕는다.

오늘은 종일 내가 무엇을 했는지 말해주고, "너는 어땠어?" 하고 물었다.

아이는 오늘 미술 시간에 그림을 그렸다고 했다.

선생님이 숙제를 내주셨다고도 했다.

 •••이것만은 기억해요

routine 일상적인, 규칙적인 | **recall** ~을 떠올리다 | **in a different way** 다른 방법으로 |
How about you? 너는 어때?, 너는 어땠어? | **draw** 그리다(과거형 drew, 과거완료 drawn) |
the art class 미술 시간 | **homework** 숙제

나의 하루, 기억 놀이

아이들이 학교에 다니기 시작하면 집에서도 스스로 해야 할 일이 많이 생깁니다. 알림장이 있기는 하지만 이걸 제대로 적어오지 못하는 아이도 많아요. 이런 아이를 위해 매일 학교에서 있었던 일을 순서대로 말하는 연습을 하면 무척 도움이 됩니다.

"오늘 학교 어땠어?" 하고 매일 똑같은 질문을 하기보다 아이가 하루 일을 잘 말할 수 있게 하는 질문을 궁리해보세요. 먼저 엄마가 "오늘 엄마는 네가 학교에 간 뒤에 설거지를 하고 마트에 가서 오늘 저녁에 먹을 카레 재료를 샀어"라고 해요.

그런 다음 이렇게 묻는 거죠. "오늘 학교에 가서 맨 먼저 무얼 했어?" "그다음에는 뭘 했는데?" "그거 재미있었겠다, 그치?" 이렇게 놀이하듯 '지난 일을 기억하여 말하기recall and retell past events'를 하세요.

중간중간 "아 참, 엄마가 냉장고 정리를 잊었네. 너는 잊은 거 없니?" 또는 "선생님께서 오늘 집에 가서 뭘 하라고 하셨어?"라고 물으면 아이가 엄마가 한 말을 예로 삼아 자기 할 일을 떠올리게 됩니다. 이렇게 엄마가 질문하는 데에도 요령이 있답니다.

오늘의 한 문장•••

She said she drew a picture in her art class today.
딸이 오늘은 미술 시간에 그림을 그렸다고 했다.

I've just become a school parent.

I really want to know how my son is doing at school.

How does he feel at school? What are his classmates like?

What kind of person is his homeroom teacher?

I keep asking myself questions like this.

나는 새내기 학부모가 됐다.
우리 아들이 학교에서 어떻게 지내고 있는지 정말 알고 싶다.
학교에서 기분은 어떨까? 반 아이들은 어떤 애들일까?
담임선생님은 어떤 분이실까?
이렇게 자꾸 혼자 묻고 있다.

 • • • 이것만은 기억해요

school parent 학부모 | what ~ like = how ~는 어떠한지 | classmate 같은 반 친구 |
what kind of 어떤 종류의 | homeroom teacher 담임선생님 | keep ~ing 계속 ~하다 | ask
oneself questions 자문하다 | like this 이렇게

너의 학교생활, 그것이 알고 싶다

아이의 본격적인 학교생활이 시작되면 별의별 생각이 다 들어요. 입학식 직후부터 엄마한테 생기는 증상, 이른바 그알병. '그것이 알고 싶다'가 시작됩니다. 선생님 말씀은 잘 들었는지, 밥은 제대로 먹었는지, 친구와 싸우지는 않았는지 등등, 이 서툴고 어설픈 학생의 모든 것이 궁금하거든요.

그런데 제가 경험해보니 취조하듯 물으면 아이는 쉽게 답하지 않더군요. "○○네 선생님은 ~라던데, 너희 선생님은 어때?" "엄마는 회사에서 아침에 회의를 했는데 너는 1교시에 뭐 했어?" 하는 식으로 대화의 물꼬를 터야 해요. 저녁 식탁에 앉아 "우리 오늘 뭐 했는지 얘기해볼까?" 하면서 식구들이 돌아가며 하루 일과를 말하는 것도 좋은 방법입니다.

이때 아이에게 꼬치꼬치 캐묻거나 예민한 반응을 보여서는 안 됩니다. 지나친 반응을 보이면 아이가 다음부터는 입을 꾹 다물거든요. 아이의 '그것'이 알고 싶다면 '적당히' 궁금해해야 합니다.

오늘의 한 문장 • • •

I really want to know how my son is doing at school.
우리 아들이 학교에서 어떻게 지내고 있는지 정말 알고 싶다.

My daughter should do her schoolwork by herself.

She has to do some other Hagwon work, too.

'Homework on your own' is the rule when she gets home.

There are also a lot of books that I want her to read.

There are more and more things to do as she grows older!

우리 딸은 학교 과제를 스스로 해야 한다.
다른 학원 과제도 해야 한다.
집에 오면 '숙제는 스스로'가 규칙이다.
아이에게 읽히고 싶은 책도 많다.
클수록 해야 할 게 점점 많아지네!

 ···이것만은 기억해요

schoolwork 학교 공부(학교와 집에서 하는 공부 모두) | **by oneself** 혼자 힘으로, 스스로 |
homework 숙제 | **on your own** 스스로 알아서 | **rule** 규칙 | **get home** 귀가하다 | **a lot of**
많은 | **as [주어] [동사]** ~하면서, ~하는 동안 | **grow [비교급]** 점점 ~해지다

초등학교 때 시켜야 할 진짜 '선행'

잘 먹고 건강하기만 하면 바랄 것이 없던 마음은 아이의 학년이 높아지면서 학업 쪽으로 향합니다. 공부를 잘했으면 좋겠다는 당연한 바람으로 불안해져요. 현실적인 조언을 드리자면 아이가 영재를 위한 수업을 감당할 조짐을 보이는가 먼저 살피세요. 초등 고학년 때 고등학교 수학을 할 정도의 드문 '학업형 아이인가?'라는 뜻입니다.

그렇지 않다면 초등학교 때는 중·고등학교에 가서 해야 할 공부를 감당할 수 있는 기초 능력을 기르게 도와야 해요. 초등 성적이 영원히 간다는 말을 신봉하는 부모들이 있는데 제 생각은 조금 달라요. 초등 생활을 성공적으로 마쳤다는 것은 아이가 자신이 할 일을 인지하고 그걸 스스로 하는 습관이 생겼다는 뜻이거든요.

진정한 선행 학습은 '오래 집중하는 연습'입니다. 한 과제에 집중한다는 것은 '재미'를 느낄 때 가능합니다. 그러므로 초등 때에는 재미있어 할 것에 집중해 '알게 될 때 느끼는 희열pleasure of learning'을 알게 해야 합니다. 그러나 현실은, 한국 초등학생은 쉴 틈 없는 하루 일과로 너무 고달파요. 극소수의 학업형 영재가 하는 일을 따라 하느라고 말입니다.

오늘의 한 문장···

My daughter should do her schoolwork by herself.
우리 딸은 학교 과제를 스스로 해야 한다.

I don't care much about the school grades of my children.

I believe children under ten should play and have fun.

The private education costs are unbelievably high in Korea.

A large amount of our income is spent on it.

However, my kids don't go to Hagwon

and they read books at home instead.

나는 아이들 성적에 별로 연연하지 않는다.
열 살 이하 어린이들은 놀면서 재미있게 지내면 된다고 믿는다.
한국의 사교육비는 믿을 수 없을 만큼 높다.
수입의 대부분을 사교육에 쏟아붓는다.
하지만 우리 아이들은 학원에 가지 않고 대신 집에서 책을 읽는다.

 • • • 이것만은 기억해요

care about ~에 신경 쓰다 | **school grades** 학교 성적 | **believe (that)** ~라고 생각하다 | **under ten** 10세 이하 | **private education costs** 사교육비 | **unbelievably** 믿을 수 없을 만큼 | **a large amount of** 상당 부분을 | **income** 수입 | **however** 그러나 | **instead** 대신에

엄마표, 재미있어야 가능합니다

요새는 굳이 학원에 보내지 않고 가정에서 엄마가 도와서 어린이가 자기주도학습을 하는 경우도 많습니다. 이른바 '엄마표' 학습인데, 저는 엄마표를 'home learning'이라고 번역합니다. '자기주도학습self-directed learning'이란 영어 표현이 어려워서요. 학원에 다니지 않는다고 해서 아이의 성적이 낮은 것은 아니에요. 학원과 엄마표, 각각의 장단점이 있겠지만 특히 엄마표는 독서를 중요시합니다. 어려서부터 꾸준히 책을 읽은 아이는 교과서를 읽고 이해하는 능력, 나아가 문해력이 뛰어나요. 많은 학습전문가들이 독서의 중요성을 누누이 강조하는데 제 생각도 같습니다. 특히 중등 이전까지는 가능하면 많이 읽기를 권합니다.

영어요? 영어 역시 실컷 읽고 들어야 합니다. 단, 아이가 재미있어 해야 가능한 일이지요. 뭐든 재미가 있어야 '실컷'이 가능하니까요. 영어를 풍부하게 읽고 듣고 성장해 영어동화와 소설 읽는 것이 취미가 된 아이들이 중고등 영어 학습에 힘이 덜 드는 예를 하도 많이 봐서 자신있게 말씀드립니다. 어렸을 때 책을 많이 읽고 이해력이 높아진 덕분에 중학교에 가서 아이 성적이 잘 나오는 사례가 상당히 많습니다.

오늘의 한 문장•••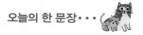

My kids don't go to Hagwon and they read books at home instead.
우리 아이들은 학원에 가지 않고 대신 집에서 책을 읽는다.

Home learning doesn't have to be great to start.

I don't try to teach my children.

I help them learn by reading books to them.

Making sure we keep a reading routine is important.

I believe home learning takes place in a relaxing environment.

엄마표 학습은 시작이 거창할 필요가 없다.
난 아이들을 가르치려 들지 않는다.
책을 읽어줌으로써 아이들이 배우도록 돕는다.
우리가 독서 일과를 꼭 지키는 것이 중요하다.
엄마표 학습은 편안한 환경에서 이루어지는 것이라고 믿는다.

 •••이것만은 기억해요

home learning 엄마표 학습 | **doesn't have to be** ~일 필요가 없다 | **try to [동사]** ~하려고
하다 | **make sure (that)** ~을 꼭 하다 | **keep a routine** 일상을 유지하다 | **take place** 발생
하다, 이루어지다 | **relaxing** 편안한 | **environment** 환경

주연은 언제나 아이

'엄마표' 학습은 어떻게 시작하면 될까요? 저는 평소에 이 질문을 참 많이 받는데요. 엄마표는 특별한 사람만이 하는 게 아닙니다. 영어나 수학, 과학에 능숙하지 않은 엄마도 아이와 함께 관련된 책을 찾아 함께 읽는 것은 가능하니까요. 영어의 경우는 자연스럽게 아이가 영어책을 좋아하도록, 교육적으로 좋은 영어 영상을 듣도록 돕는 것이 핵심입니다.

엄마가 주도적으로 선생님 노릇을 하시라는 게 아니에요. 영어를 선생님처럼 가르쳐줄 엄마가 몇 명이나 되겠습니까? 주연은 어디까지나 아이지요. 처음에는 영어책을 읽어주고, 같이 음원을 듣다가 차츰 아이 스스로 책을 선택해 혼자 읽고 생각하도록 기다리는 것이 엄마표입니다. 매일매일의 독서 습관이 쌓이며 오랜 시간이 걸려야 하는 일이기도 하죠. 별반 변화가 없어도 꾸준히 돕는 일. 이 꾸준한 노력과 공들임이 가장 어렵습니다.

하지만 일단 독서의 습관이 생기면 다른 과목들도 스스로 학습하는 아이an independent learner가 돼요. 즐거운 행위 중에 공부와 가장 유사한 것이 독서이기 때문이지요. 집에서 으레 하는 당연한 일과로 책을 읽고 듣는 것인데, 사실은 이 당연해 보이는 습관이 가장 학습 효과가 높기 때문입니다.

오늘의 한 문장···

I believe home learning takes place in a relaxing environment.
엄마표 학습은 편안한 환경에서 이루어지는 것이라고 믿는다.

My niece comes back home at 10:00 p. m. every night.

She takes private lessons, even on Sundays.

I can't believe a little girl is tied up with such a crazy schedule.

Koreans have to study extremely hard

to enter a top-notch college.

I am afraid this will be my baby's future.

내 조카는 매일 밤 10시에 귀가한다.
심지어 일요일에도 과외를 받는다.
어린아이가 그토록 미친 스케줄에 매인 게 믿기지 않는다.
한국인은 명문대에 가려면 엄청나게 공부를 해야 한다.
이것이 내 아이의 미래가 될까 두렵다.

 •••이것만은 기억해요

niece (여자)조카 | **take lessons** 수업을 받다 | **private lesson** 개인 교습 | **be tied up with** ~에 매이다, ~하느라 바쁘다 | **such a** 그러한(그토록 대단한) | **crazy** 미친, 말도 안 되는 | **schedule** 스케줄 | **extremely** 극도로 | **top-notch college** 명문대 | **be afraid (that)** ~이 두렵다 | **future** 미래

공부 투사로 살아가는 아이들

우리 인생에서 공부는 매우 큰 비중을 차지하지요. 특히 엄마들은 아이가 커 갈수록 끊임없이 무언가를 배우게 해야 한다는 묘한 압박감을 느낄 거예요. 대학 입시에서 취직 시험까지 한국인은 평생 공부와 싸우는 공부 투사라고 해도 과언이 아니니까요.

사실 무언가를 배운다는 것은 무척 신나는 일이에요. 단, 모르는 걸 알게 돼 성취감을 느낄 때 그렇습니다. 그런 의미에서 어려서부터 '공부란 노력을 요하는 어려운 것'이라 생각하게 만드는 교육 현실이 안타까워요. 이 총체적인 난국은 어디서 시작된 걸까요? 일찍부터 빼곡하게 외우고 넌더리나게 문제를 푸는데 왜 성인이 되는 순간 기억에서 깨끗하게 사라지는 걸까요?

청소년기를 오롯이 반납하고 공부한 사람인가 싶을 만큼 생각보다 아는 게 많지 않은 대학생들, 젊음을 몽땅 바친 학습이 무색하게 더 배울 생각이 없는 성인들. 공부 투사의 결과가 이렇다니 참으로 슬픈 일이네요. 아이의 공부 생각이 온 맘에 가득 차 있지만 그래도 아이에게 매일 공부타령만 해대는 엄마는 되지 않으리라 다짐합시다, 우리.

오늘의 한 문장•••

I can't believe a little girl is tied up with such a crazy schedule.
어린아이가 그토록 미친 스케줄에 매인 게 믿기지 않는다.

My child's behavior is very disturbing these days.

Is he having a problem with his friends,

or is this the puberty I've only heard of?

I don't know what I am supposed to do.

I'm going to sit and talk with him tonight.

아이의 행동이 요즘 부쩍 거슬린다.
친구와 문제가 있는 걸까?
아니면 이게 말로만 듣던 사춘기인가?
내가 어떻게 해야 할지 모르겠다.
오늘 밤엔 아이와 앉아서 대화를 좀 해야겠다.

 ···이것만은 기억해요

behavior 행동 | **disturbing** 불편하게 하는 | **these days** 요즘 | **problem** 문제 | **puberty** 사춘기 | **be supposed to [동사]** ~를 해야 하다, ~을 하는 게 적당하다 | **be going to [동사]** ~할 것이다 | **sit and talk with** ~와 시간 내어 얘기하다

어김없이, 오고야 마는 사춘기

아, 우리 집에도 오고 말았습니다. 그 무섭다는 사춘기. 온순했던 아이가 반항으로 부모를 당황하게 합니다. 몸이 부쩍 자라니 제 딴에는 어른이 됐다고 생각하는데, 정신 발달은 육체의 성장을 따르지 못하니 하는 짓이 어쭙잖은 사춘기 아이들. 사실 자기들도 다 컸는지 어린 건지 혼란스럽답니다. 그런데 어른들도 자식이 아직 어린데 큰 애로 착각하곤 해요. 그래서 소위 말하는 내부 갈등, 부모 자식 간 기싸움이 시작됩니다. 아이는 책임과 의무는 모르면서 권리만 내세우고, 부모는 다 큰 거 같은데 왜 하는 짓이 저 모양인가 싶거든요.

우리 집 아이는 안 그럴 것 같지만 인간 모두에게 당연한 통과의례입니다. 자연스럽게 성장하고 있다는 표시이니 감내해야 합니다. 이 시기에는 무조건 아이 말을 경청해주는 엄마가 돼야 해요. 들으면서 일단은 "그렇구나!" 공감하기, 이게 제일 중요합니다. 많은 엄마들이 자기는 아이 말을 잘 들어준다고 하는데 "하고 싶은 말을 해봐" 하면서도 수시로 본인이 말할 기회를 노리곤 하더군요. 그건 경청이 아닙니다.

제일 조심할 것은 친구에 관해서입니다. 사춘기 아이의 생각과 태도, 그리고 성적에 영향을 주는 건 친구이기에 그 친구를 비난하면 아이는 엄마와 대화를 끊어버립니다. 아이의 감정에 공감하면서 친구 흉은 속으로만 보세요.

오늘의 한 문장・・・

Is this the puberty I've only heard of?

이게 말로만 듣던 사춘기인가?

I hope my children will become good members of society.

I want them to talk quietly in public

and to step aside on a crowded street.

I teach them never to throw away trash

and to recycle properly.

I'm sure they will learn all those little decent things well.

우리 아이들이 훌륭한 사회 구성원이 되기를 바란다.
나는 아이들이 밖에서는 조용히 말하고, 붐비는 길에서는 한편으로 비키라고 한다.
아이들이 쓰레기를 버리지 않고, 재활용을 잘하도록 가르친다.
분명 우리 아이들은 이런 사소하지만 품위 있는 일들을 잘 배울 것이다.

 ••• 이것만은 기억해요

members of society 사회 구성원 | **I want them to [동사]** 그들이 ~하기를 바란다 | **quietly** 조용하게 | **in public** 공공장소에서 | **step aside** 옆으로 비키다 | **crowded** 복잡한 | **throw away** ~을 내버리다 | **trash** 쓰레기 | **recycle** 재활용하다 | **properly** 알맞게 | **decent** 품위 있는

우리 아이는 나름 상위 1%

상위 1%? 성적이나 재산, 명예 등에서 최고 우위를 두고 일컫는 말이죠. 뭐가 됐든 평범한 우리가 볼 때는 상상 불가의 우수함을 의미합니다. 저도 그렇고 우리 아이도 그렇고 한 번도 그들이 말하는 상위 1% 수준에는 닿아본 적이 없습니다. 그러나 저희는 나름대로 해야 하는 건 최고로 했기에 아이가 '나름 상위 1%'라 자부합니다. 자녀 성공시키기 강의하는 사람들이 들으면 웃겠지만 설명을 드리자면 이렇습니다.

저도 아이의 교육이든 인성이든 힘닿는 대로 목표를 세워 극성을 부려가며 도 왔습니다. 그러나 누구를 이기라거나, 1등을 하라는 말은 하지 않았어요. 우리 아이는 쓰레기를 함부로 버리지 않고, 밖에서 큰 소리로 떠들지 않으며, 길 한 가운데 서서 사람들의 통행을 방해하지 않습니다. 운전은 면허시험 볼 때 배운 것처럼 하고, 차가 주차선 안에 들지 않으면 내렸다가도 다시 주차합니다. 사소 하지만 고상한 행동이 제 육아와 교육의 목표였고, 아이가 그런 어른으로 성장 했으니 '나름대로 상위 1%'입니다. 우리의 아이들은 각자 나름 상위 1%로 자 라고 있어요, 안 그런가요?

오늘의 한 문장···

I hope my children will become good members of society.
우리 아이들이 훌륭한 사회 구성원이 되기를 바란다.

I used to say that I don't want to be a demanding mother,

but I want my children to do better at everything.

They spend more and more time learning this and that.

So, we spend less and less time together.

Oh my! I forgot that children grow up in a family.

난 욕심 부리는 엄마가 되고 싶진 않다고 말하곤 했었다.

그런데 아이들이 모든 걸 좀더 잘했으면 싶다.

아이들은 이것저것 배우느라 시간을 점점 더 많이 쓴다.

그래서 함께 지내는 시간이 점점 줄어들고 있다.

아이고! 아이들은 가정에서 자란다는 사실을 잊었네.

 • • • 이것만은 기억해요

used to [동사] ~하곤 했다 | **demanding** 요구가 많은, 바라는 게 많은 | **do better** 더 잘하다 | **everything** 모든 일 | **spend time ~ing** ~하는 데 시간을 보내다 | **more and more** 점점 더 많은 | **less and less** 점점 더 적은 | **Oh my!** 아이고, 저런 | **grow up** 성장하다

아이는 가정에서 자란다

자녀가 하고 싶은 것을 할 수 있게 최대한 자율권을 주고 기다리는 엄마, 아침 저녁으로 아이의 기사 노릇을 자처하며 모든 일정을 챙기는 엄마, 또는 사람들과 교류하며 온갖 정보를 찾아 학습 계획을 세우고 아이가 실천하게 하는 엄마. 모습은 다르지만 자식에 대한 엄마의 마음은 모두 같으리라 생각합니다. 각자의 방식으로 사랑하는 것이겠지요.

아이가 커가면서 성적 관리가 엄마의 가장 중요한 일이 되어버리는 것이 한편으로는 씁쓸하면서도 현실을 생각하면 이해가 됩니다. 재우고 먹이는 것만이 엄마의 역할이 아니라 그 이상을 넘어 많은 일들을 동시에 해내야만 하는 양육 기간이 육아에서 아주 길기 때문이지요.

하지만 누가 뭐래도 변치 않는 진리가 있으니, 그건 바로 아이는 가정에서 자란다는 사실이에요. 아직 어린 나이인 초등학생 시절에 학원과 학원 사이를 도느라 집에서 편히 밥을 못 먹는 아이들이 있습니다. 엄마, 아빠와 나누는 소소하고 쓸데없고 우스꽝스러운 대화를 반찬 삼아 나누는 밥상. 가족이 함께 모여 밥을 먹는 일상이야말로 어디에서도 못 누리는 즐거움인데, 이런 시간이 별로 없는 어린 시절이라니요! 다시 한번 반복할게요. 아이는 가정에서 자랍니다, 학원 골목이나 밖이 아니라.

오늘의 한 문장···

I forgot that children grow up in a family.
아이는 가정에서 자란다는 사실을 잊었다.

chapter 03

아이가
나를 키운다

I don't want my daughter to grow up fast.

I don't want my baby to outgrow her shoes and hats.

This moment is fleeting. I don't want to forget any of this.

How can I seize these little moments?

Slow down, honey! Stay here a little longer with me.

우리 딸이 너무 빨리 자라지 않았으면 좋겠다.
내 아이가 신발과 모자가 맞지 않을 만큼 커버리지 않았으면.
이 순간이 쏜살같이 지나간다. 단 하나도 잊고 싶지 않다.
어떻게 이 소소한 순간을 붙잡을 수 있을까?
천천히 자라렴, 아가야. 나와 좀더 오래 있어줘.

 ···이것만은 기억해요

fast 빠르게 | **outgrow** ~보다 커져 맞지 않다 | **moment** 순간 | **fleeting** 재빨리 지나가는 | **forget** ~를 잊다 | **seize** ~를 붙잡다 | **slow down** 천천히 하다 | **stay here** 여기 머무르다, 이 상태로 머무르다

우리가 어쩌다 이렇게 만났을까

내 안에 있는 생명체가 '나 여기 있어요'라고 했던 날을 기억합니다. 태동이라고 부르는 그 속삭임이 시작된 날. 저는 결혼 후 6년 만에 아이를 낳았습니다. 기다림이 길어서일까 내게 아이가 있다는 신기함 때문에 아름다운 착각을 했어요. 매일 아침 아이를 위해 해가 뜨고 꽃이 피고 바람이 살랑거리더군요. 이 하늘 아래 이 넓은 세상에서 무슨 인연으로 이 사랑스러운 존재와 만난 건지 생각하고 또 생각해도 신기했어요.

아이가 있어 우리는 서툴고 모자란 부분을 채우기 위해 매일 노력합니다. 노력의 고단함을 견디게 해주는 건 아기의 웃음이지요. 그뿐인가요, 작은 입을 벌려 밥을 오물거리고 온 얼굴을 찡그려 던지는 윙크, 얼굴의 반을 여는 함박 미소, 여기에 말도 안 되는 발음으로 하는 의사 표시까지.

"까까 주떼여."

"타양해요."

하루의 피로를 사라지게 만드는 마법의 주문. 일시정지 버튼이 있다면 꾹 누르고 싶은 순간입니다.

오늘의 한 문장···

Slow down, honey! Stay here a little longer with me.
천천히 자라렴. 아가. 나와 좀더 오래 있어줘.

"Cherish it. It goes fast." "Enjoy these moments."

"They're the best ones of your life." Everyone talks like this.

I know that they are just trying to tell me

not to lose my perspective,

but what I wish for the moment is a minute of sleep.

"소중히 여겨라. 금세 지나간다." "이 순간을 즐겨라."
"지금이 인생 최고의 순간이다." 다들 이런 식으로 말한다.
그저 중요한 것을 놓치지 말라고 하는 말인 건 안다.
그러나 지금 당장은 잠을 좀 잤으면 싶다.

 • • • 이것만은 기억해요

cherish ~를 소중히 여기다 | enjoy 즐기다 | moment 순간 | like this 이런 식으로 | lose perspective 올바른 판단력을 잃다, 중요한 것을 잊다 | what I wish 나의 소원 | for the moment 지금 당장은 | a minute of 잠시의

피곤에 지친 인생 황금기

내 입엔 밥 한 숟가락 넣지 못해도 아이는 한 끼라도 거를까 챙겨 먹이고, 화장실 한 번 편히 못 가지만 우리 아이 엉덩이는 쾌적하게 씻기고 말리고, 두세 시간에 한 번씩 깨어 아기를 이리저리 살피고 다시 이불을 매만지다가 얼굴 한 번 보듬으면 세상에서 최고로 행복하고, 밖에만 나가면 '안아줘'를 연발하는 아이를 안고 몇 시간을 서 있지만 힘들어도 어느새 힘이 나는 괴력.

30년 가까이 된 일이지만 생생하게 기억합니다. 신기하고 예쁜 아이 얼굴을 보며 세상의 축복이란 축복은 내가 다 받은 줄 알았지요. 그러면서도 '하루 만이라도 푹 자봤으면', '맘 놓고 뜨끈한 물에 몸 한 번 제대로 녹였으면' 하는 바람을 떨칠 수 없었습니다.

아이들과 씨름하느라 녹초가 됐는데 '네 인생의 황금기인 줄 알아라' 하는 어른들 말씀 들으면 황금기에 몸이 왜 이렇게 피곤한가 싶지요? 그런 말씀만 하시지 말고 잠 한숨 자게 아이 좀 봐달라고 하고 싶을 겁니다. 그런데 그 말씀이 절대 맞았음을 제가 이제야 실감하네요. 그때가 가장 행복했습니다. 잠 못 잤던 황금기가 추억이니 말이죠.

오늘의 한 문장 •••

Enjoy these moments.
이 순간을 즐겨라.

Sometimes I laugh so hard with my son that my stomach hurts.

His laughter seems to be the most beautiful sound in the world.

He is so adorable that I don't want him to grow up fast.

Sometimes I sniff his head and I love the smell.

Oh, the biggest joy-bombs in my life!

가끔 아들과 너무 심하게 웃어서 배가 아플 때가 있다.

아이의 웃음은 세상에서 가장 아름다운 소리 같다.

아이가 너무 예뻐서 빨리 자라지 않았으면 좋겠다.

종종 아이의 머리 냄새를 맡곤 하는데 그 냄새가 너무 좋다.

아, 내 인생 최고의 행복폭탄!

 • • • 이것만은 기억해요

sometimes 가끔 | **laugh hard** 크게 웃다 | **so [형용사] that [문장]** 너무 ~해서 ~이다 |
stomach 배 | **hurt** 아프다 | **laughter** 웃음 | **adorable** 사랑스러운 | **grow up** 자라다 | **sniff**
~를 쿵쿵 냄새 맡다 | **a joy-bomb** 행복폭탄

빨리 자라는 게 아쉬워

잡았던 손가락을 쏙 빼도 까르르, 비닐봉지로 부스럭 소리를 내도 까르르, 어떤 날은 까꿍만 해도 까르르가 발동해 집안에 초강력 행복폭탄을 터뜨리는 아기. '까르르'는 아기들 웃음 전용 의성어입니다. 아이 키우는 엄마들은 까르르 순간마다 아이가 빨리 자라는 것이 아쉽습니다.

아이의 웃음은 행복 제조제. 그 웃음소리에는 세상이 모두 아름답게 보이게 하는 마법의 힘이 들어 있어요. 오죽하면 마약이라고 할까요! 제 아이는 다 자라서 이제 어른입니다만, 저는 이 녀석이 실눈을 만들며 터뜨리던 까르르 소리가 지금도 귀에 생생합니다. 사랑스런 냄새를 풍기며 품에 안겨 있던 조그만 생명체. 블록 두 개가 꼭 맞듯이 저의 품과 아이의 웅크림은 딱 들어맞았지요. 행복하고 행복해서 정말이지 멈췄으면 했던 순간들이 제 젊음 갈피갈피에 숨어 있습니다. 그대들 젊은 시간 갈피에 행복이 천 겹 만 겹 쌓이기를!

오늘의 한 문장···

He is so adorable that I don't want him to grow up fast.
아이가 너무 예뻐서 빨리 자라지 않았으면 좋겠다.

I never liked little children when I was single.

They were just humans running wild everywhere.

I couldn't stand noisy children and their irresponsible parents.

As my kids grow, however, other kids catch my attention.

All the kids in the world are beautiful.

내가 독신일 때는 아이들을 좋아하지 않았다.
아이들은 그냥 아무 데서나 뛰는 존재일 뿐.
시끄러운 아이들과 무책임한 부모를 견딜 수 없었다.
그런데 내 아이들이 자라면서 요즘은 다른 아이들에게 눈이 간다.
세상 모든 아이들은 아름다운 존재이다.

 • • • 이것만은 기억해요

single 미혼인 | **humans** 인간 | **wild** 거칠게 | **everywhere** 아무 데나 | **stand** ~를 견디다 | **noisy** 시끄러운 | **irresponsible** 무책임한 | **as [주어] [동사]** ~하면서, ~하는 동안 | **catch one's attention** ~의 관심을 끌다

세상 모든 아이는 예쁘다

자식을 키워본 사람이 남의 아이도 귀히 여길 줄 안다는 말이 맞나봅니다. 저는 결혼 후 오랫동안 자식이 없었기에 그전까지 아이들은 시끄러운 작은 사람, 웃을 때만 예쁜 존재라고 생각했어요. 떼쓰고 소리 지르는 아이를 보며 속으로 그 부모를 흉보기도 했지요. 하지만 낳아보니 알겠더라고요. 아이는 언제나 예쁘다는 걸. 내 아이뿐 아니라 세상 모든 아이가 예쁘다는 걸. 기계처럼 연습을 시켜 모두 예의 바르게 만들 수 있는 게 아니라는 것도 알겠더군요.

그러면서 생각했습니다. 세상의 모든 행복이 어려움을 넘어야 얻어지는 것처럼 자식으로 인한 행복도 양육의 고초를 겪고 오는 것이구나. 남이 흉을 볼 정도로 말을 안 듣는 녀석들을 키우느라 고생 많으십니다. 힘들어도 기꺼이 버티는 용기가 솟아나는 건 자식이 너무나 예쁘고 소중해서 가능합니다.

오늘 하루도 정신없이 바빴지요? 세상의 자식들에게 가정home을 제공하는 그대들, 위대합니다.

오늘의 한 문장 • • •

All the kids in the world are beautiful.
세상 모든 아이들은 아름다운 존재이다.

I doubt if my children have ears because they don't listen.

I yell when I am angry and feel terribly sorry later on.

Today my kids copied how I spoke loudly in anger.

I was shocked and regretted yelling like that.

I need to think over the way I speak to my family.

도통 말을 듣질 않으니 우리 애들이 귀는 있는 건지 의심이 된다.
화가 나서 소리를 지르고는 나중에 무척 미안한 마음이 든다.
오늘 아이들이 내가 화나서 큰소리치는 말투를 그대로 따라 했다.
충격을 받고는 그런 식으로 소리 지른 걸 후회했다.
가족에게 말할 때의 내 태도를 살펴봐야겠다.

 ···이것만은 기억해요

doubt if ~인지 아닌지 의심하다 | **yell** 소리 지르다 | **feel sorry** 미안한 마음이 들다 | **terribly** 무척 | **later on** 나중에 | **copy** ~를 따라 하다 | **in anger** 화가 나서 | **be shocked** 충격을 받다 | **regret ~ing** ~한 것을 후회하다 | **think over ~** 심사숙고하다 | **the way** ~하는 방식

아이들 귀는 뽀뽀할 때 손잡이

아이 키우다 성질 버리겠다는 생각 많이 하지요? 고상하게 살고 싶어도 그리 마음먹고 5분도 안 돼 버럭 소리 질러요. 아니 왜, 먹으라는 음식은 안 먹고 온 세상에 뿌리고 밟는 걸까요? 왜 컵은 180도 뒤집어 바닥에 물을 뿌려대는 걸까요? 저도 조용하게 살아야지 해놓고도 아이에게 참 많이 소리를 질렀어요. 화내지 않고, 우아하게 자녀를 키우는 엄마들은 대체 어떤 사람일까요? 그 인내심에 경의를 표합니다.

그런데 아무리 생각해도 아이들 얼굴 옆에 붙은 건 귀가 아닌 것 같아요. 그게 귀라면 그렇게 말을 안 들을 리가 없지 않나요? 게다가 엄마가 소리 지르면 아이가 따라서 큰 소리를 내요. 그 모습이 자기 말투를 닮아 있어 당황스럽다는 엄마도 있습니다. 이거 원 쪼꼬미들 앞에서도 말조심해야 할 판입니다. 분노가 솟아오를 땐 심호흡을 하며 이렇게 되뇌세요. "저 녀석은 귀가 없다, 귀가 없다, 저건 그냥 뽀뽀할 때 잡는 거다." 아이들 귀는 엄마에겐 뽀뽀용 손잡이입니다.

오늘의 한 문장・・・

I need to think over the way I speak to my family.

가족에게 말할 때의 내 태도를 살펴봐야겠다.

It is always hard to choose what to eat,

but it is harder to decide what to cook.

Making healthy meals for my children is my huge concern,

but my husband says everything I make tastes bland.

When will I be able to season food properly?

무엇을 먹을지 선택하는 건 항상 어렵다.
그런데 무엇을 요리할지 정하는 건 더 어렵다.
아이들을 위해 건강식 만들기가 내겐 큰 관심사이다.
그런데 남편은 내가 만든 건 다 싱겁다고 한다.
언제쯤 음식에 간을 제대로 할 수 있을까?

 • • • 이것만은 기억해요

it is hard to [동사] ~하는 것은 어렵다 | **always** 항상 | **choose** ~를 선택하다 | **what to eat** 뭘 먹을지, 먹을 것 | **decide** ~를 결정하다 | **healthy** 건강한 | **meals** 식사 | **huge** 커다란 | **concern** 걱정, 관심사 | **bland** 싱거운, 밋밋한 | **be able to [동사]** ~할 수 있다 | **season** ~에 양념하다 | **properly** 알맞게

잘 먹여야 사랑이지

사랑을 표현하는 최고의 방법은 상대방에게 맛있는 음식을 먹이는 것이라고 믿는 민족이 있는데 바로 이스라엘, 이탈리아 그리고 우리나라 사람들이래요. 만나면 으레 밥을 같이 먹고, 좋은 일을 축하할 때도 밥을 함께 먹으며, 집에 누군가를 초대했을 때도 반드시 식사를 준비합니다.

내 아이에게는 물론, 아이의 친구까지 든든하게 잘 먹이지요. 정말 우리 엄마들은 아이들에게 맛있고 좋은 밥을 먹이는 일에 최선을 다합니다. 잘한다고 먹이고, 잘하라고 먹이고, 꾸짖고 나서도 기분을 풀어주느라 먹여요. 식사를 잘 마련하는 것이 너무나 중요한 일이라 먹거리는 매일 반복되는 고민거리이기도 합니다. 조금이라도 건강하고 맛있게 먹이고 싶고, 맛있게 먹으면서 좋아하는 모습을 봐야 직성이 풀리는 한국 엄마들. 아이들이 조금 크면 양육 업무의 8할은 잘 먹이는 일인데 환경, 영양 균형 등이 걱정이라 건강식이 늘 중요한 화두입니다. 맛도 좋고 건강에도 좋은 조리법, 급히 구해요!

오늘의 한 문장・・・

Making healthy meals for my children is my huge concern.
아이들을 위해 건강식 만들기가 내겐 큰 관심사이다.

It is surprising to see how my little daughter acts like me.

When I yell at her, she yells back at me so I punish her.

Then this little one gets angrier for being punished.

On the other hand, if I try to smile more, she smiles more, too.

It is so true that kids are reflections of their parents.

어린 딸이 나랑 똑같이 행동하는 걸 보면 놀랍다.
내가 아이에게 소리를 지르면 아이도 내게 소리를 질러서 벌을 준다.
그러면 이 쪼그만 것이 벌을 받아서 그런지 더 골을 낸다.
반대로 내가 더 많이 미소 지으려 하면 아이도 더 생글거린다.
아이는 부모의 거울이란 말을 실감한다.

 · · · 이것만은 기억해요

surprising 놀라운 | act like ~처럼 행동하다 | yell at ~에게 소리 지르다 | punish ~에게 벌 주다 | get [비교급] 더 ~해지다 | on the other hand 반대로 | try to [동사] ~하려 노력하다 | it is true (that) ~가 맞다 | reflection 반사, 비친 모습

아이는 나를 비추는 거울

영어로 'a spitting image'라는 말이 있는데 A가 B를 '빼닮았다'는 뜻입니다. 생긴 모습이 같다고 할 때 쓰는 말인데 우리는 부모 자식이 붕어빵이라고 표현하지요. 나를 닮은 아이가 있다는 건 참 신기한 일이라 사람들이 아이더러 아빠 닮았다고 하는지 엄마 닮았다고 하는지는 늘 재미있는 대홧거리죠.

그런데 겉으로만 닮은 줄 알았던 녀석이 행동마저 똑같을 땐 움찔해서 나를 돌아보게 됩니다. 갓 네 살 된 우리 아이가 "아, 불편해" 하는데 제가 평소 자주 하던 말이었어요. 아이 행동을 보고 사람들이 부모를 닮아 그렇다고 할까 봐 걱정되는 때가 있습니다. 한 번 사는 인생 맘껏 살겠다고 마음먹었다가도 내 아이가 나를 보고 배워 나처럼 될까 봐 마음을 고쳐먹기도 합니다. 이렇듯 부모가 되면 아이를 생각하며 언제나 나를 돌아봐야 해요. 아이는 부모의 거울이라는 말, 누가 만들었는지 참으로 무섭습니다.

오늘의 한 문장···

It is so true that kids are reflections of their parents.
아이는 부모의 거울이란 말을 실감한다.

While my husband is tied up at work, our kids are growing up.

It's too bad that he's missing out on their childhood.

I take photos of every little thing that they do

to show my husband.

It's too tough to bring up children all alone,

but at least I can try to share the precious moments with him.

남편이 직장에 묶여 바쁜 동안 우리 아이들이 자란다.
남편이 아이들의 어린 시절을 놓치는 것이 안타깝다.
난 남편에게 보여주려고 아이들의 모든 사소한 짓을 사진 찍는다.
독박육아는 너무나 힘들지만,
적어도 그 소중한 순간들을 남편과 나누려 노력할 순 있으니까.

 •••이것만은 기억해요

be tied up ~에 눈코 뜰 새 없이 바쁘다 | **at work** 직장에서 | **(It is) too bad that** ~가 안됐다 | **miss out on** ~을 놓치다 | **childhood** 어린 시절 | **every little thing** 모든 사소한 것 | **show** ~을 보여주다 | **tough** 힘든 | **bring up** ~를 키우다 | **all alone** 전적으로 혼자 | **at least** 적어도, 최소한 | **share [A] with [B]** A를 B와 공유하다 | **precious** 귀중한

독박육아를 버티는 힘

'독박육아'라는 말이 있어요. 누구의 도움도 못 받고 혼자 오롯이 아이를 돌보는 젊은 엄마들의 상황을 말합니다. 아이들이 어릴수록, 또 아이가 둘, 셋이기라도 하면 정말 상상하기 힘든 생활입니다. 요즘 젊은 엄마들은 "아이들은 알아서 큰다"는 말이 제일 듣기 싫다네요. 하나 먹이고 씻기면 다른 아이가 울고, 달래 놓으면 저기서 다른 녀석이 난장판. 간신히 재워놓으면 여기저기 어질러진 집을 치워야 내일을 맞이하는 게 삶인데, 알아서 큰다니요.

결코 쉽지 않은 이 시간을 감내하는 이유는 말할 것도 없이 아이들 때문이지요. 젊음은 안락과 공존하지 않아요. 오히려 젊다는 이유로 과로와 불안이라는 세금을 내야 합니다. 하지만 기쁨이라는 보너스를 순간순간 안겨주는 아이들이 있어 그 어려운 일들을 해내는 것 아닐까요? 눈만 마주쳐도 방긋거리고, 네 활개를 치며 좋다는 표시를 하고, 뒤집기 한판을 얍! 그뿐인가요, 뽈록 나온 배를 안고 아장아장 걸어와 품에 안길 때의 행복이란…….

이 때문에 오늘도 독박육아를 버팁니다. 남편에게 아기 사진 자주 찍어 보내세요. 이 순간을 놓치는 게 누구보다 아쉬울 아이 아빠에게.

오늘의 한 문장···

It's too tough to bring up children all alone.
혼자 아이를 키우는 건 너무나 힘들다.

Having children changes oneself into a better person.

I didn't like to cook, but I am willing to learn how.

I didn't like books, but I am a good storyteller now.

I want the whole world to be a better place for my children.

It is true that children raise parents.

아이를 갖게 되면 스스로 좋은 쪽으로 변화된다.
난 요리를 싫어했는데 음식 만드는 법을 기꺼이 배우려 한다.
책도 좋아하지 않았는데 지금은 대단한 스토리텔러이다.
온 세상이 내 아이들에게 더 좋은 곳이 되었으면 좋겠다.
아이가 부모를 키운다는 말이 맞네.

 • • • 이것만은 기억해요

change [A] into [B] A를 B로 변화시키다 | be willing to [동사] 기꺼이 ~를 하다 | how 어떻게(여기서는 how to cook[요리하는 방법]을 줄인 것) | want [A] to [동사] A가 하기를 바라다 | whole 전체의 | better 더 나은 | place 장소 | it is true (that) ~는 사실이다 | raise ~를 키우다

좋은 사람이 되고 싶은 이유

언젠가 "육아育兒는 육아育我"라는 제목의 기사를 본 적이 있어요. 많은 사람들이 엄마가 아이를 키운다고 생각하는데, 그 과정에서 엄마 또한 성장하기에 육아가 결국엔 엄마 자신을 키우는 일이라는 의미겠지요. 엄마가 되고 나면 나도 모르게 세상에서 벌어지는 일에 예민해집니다. 길거리에 떨어진 담배꽁초, 널브러진 쓰레기에 분노가 일어요. 내 아이가 살아갈 세상이 더럽혀지고 있으니까요.

나를 위해서는 하지 않을 일도 아이를 위해서는 기꺼이 하는 사람으로 바뀌기도 합니다. 우리 아이가 체중이 좀 덜 나가면 최고의 재료를 찾아 몇 시간씩 음식을 만들고, 아이의 기침 한 번에 공기 상태를 수시로 점검해요. 엄마가 된 후 분명 이전과 달라진 자신을 봅니다. 특히 환경과 아동 인권 문제 등에는 몹시 신경이 쓰여요. 분명 점점 더 좋은 사람이 되고 싶고, 내 아이 또한 더 좋은 사람이 되도록 가르치고 싶어지지요. 아이가 우리를 이렇게 키우고 있습니다.

오늘의 한 문장···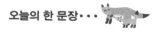

It is true that children raise parents.
아이가 부모를 키운다는 말이 맞다.

Today I spent the afternoon cleaning my house.

Every closet is full of my girl's old little things.

I started collecting her stuff when she was born.

I have kept those things because her childhood lies among them.

She may not know why I cherish those old things.

오늘 오후를 집 정리하면서 보냈다.
옷장마다 딸의 물건으로 꽉 차 있다.
아이가 태어나면서 아이 물건을 모으기 시작했다.
아이의 유년기가 그 물건들에 스며 있기에 보관해왔다.
내가 그 낡은 것들을 왜 소중히 여기는지 아이는 모르리라.

 • • • 이것만은 기억해요

spend [A] ~ing A를 ~하면서 보내다 | **clean** ~를 치우다 | **closet** 옷장, 정리장 | **be full of** ~ 으로 가득 차다 | **start ~ing** ~하기 시작하다 | **collect** ~를 수집하다 | **stuff** 물건 | **keep** ~을 보관하다 | **childhood** 유년기 | **lie among** ~의 가운데에 놓여 있다 | **may not [동사]** ~이 아 닐 수도 있다 | **cherish** ~을 소중히 여기다

추억의 물건인가, 잡동사니인가

부모의 집은 아이의 박물관입니다. 베이비파우더 향이 아직도 폴폴 날 것 같은 옷가지, 오래 갖고 놀아 고장 난 장난감, 수많은 밤을 품에 안고 잠들어 너덜너덜해진 애착인형, 매일매일의 꿈이 담긴 베개, 틀린 철자가 더 많은 생애 첫 편지, 초현실주의 그림으로 가득한 일기, 어린이집에서 받아온 별 뜻 없는 이름의 상장, 도통 제목을 알 수 없는 각종 만들기 작품들.

차마 버리지 못하고 보관해둔 아이 물건이 쌓이고 쌓여 한 자리를 차지합니다. 추억이 쌓이면 역사가 된다 했나요? 저는 아이의 배냇저고리를 액자에 넣어 간직하고 있습니다. 아이가 못마땅할 때마다 세워둔 액자를 보며 그 작은 옷에 싸여 제게 매달려 있던 아이 냄새를 떠올리곤 하지요. 그러면 아이의 행동도 이해가 가고, 녀석의 어리석은 행동도 용서가 됩니다. 엄마에게는 아이와 함께한 모든 순간이 추억이고 가족에게는 그것이 역사이죠.

그러나 현실은, 그 모든 걸 청소하고 정리해야 추억도 되고 역사도 돼요. 처박아두면 그저 잡동사니, 천덕꾸러기에 불과하답니다.

오늘의 한 문장・・・

She may not know why I cherish those old things.
내가 그 낡은 것들을 왜 소중히 여기는지 아이는 모르리라.

I know you will fly away someday soon.

No matter where you go in life, don't ever forget that mom is here.

You can come to me when you're lost.

Come and fold your wings and have a rest.

No matter how old you are, you will always be my baby.

네가 언젠가 곧 날아가리라는 걸 알아.

살면서 네가 어디를 가든 여기 엄마가 있다는 걸 잊지 마.

길을 잃으면 엄마에게 오렴.

와서 날개를 접고 쉬어.

네가 아무리 나이 들어도 넌 나의 영원한 아가란다.

 • • • 이것만은 기억해요

fly away 날아가버리다 | **someday soon** 언젠가 곧, 조만간 | **no matter where** 어디든지 |
be lost 길을 잃다, 헤매다 | **fold** ~를 접다 | **have a rest** 쉬다 | **no matter how [형용사]** 아무
리 ~한들

84

아이의 방이 있는 그곳

아이가 자라 독립하는 것을 '날아간다'고 표현하곤 하지요. 둥지에서 열심히 날갯짓을 하다 마침내 스스로 날아가 자신의 둥지를 짓는 새에 빗대어 하는 말인데, 영어도 국어도 표현이 같아 흥미롭습니다. 세상 모든 엄마가 그렇겠지만 저도 아이를 생각하면 절로 미소가 지어집니다. 우리 아이는 이미 날아갔습니다. 신기하게도 힘들었던 기억은 웃음 짓는 추억으로 변질됐어요. 사랑이라는 방부제 덕에 예쁘게 변질된 거죠. 고열과 싸우던 눈물겨운 밤, 벌을 주고 꾸짖던 악다구니, 속상했던 성적표가 다 동화 같은 이야기로 남았습니다.

이제는 다 큰 어른인데도 만난 기간이 좀 길어지면 탄식이 나올 정도로 보고 싶어요. 그래서 지금 한창 아이와 함께하는 젊은 엄마들을 보면 어느 순간에 행복해하는지, 어느 때 힘에 겨워하는지 제가 온전히 알 수 있어요. 같은 시절을 겪어낸 선배 엄마라는 뜻일 텐데 그래서 하고 싶은 말이 있습니다.

언젠가는 아이들이 우리 곁을 떠납니다. 우리에게 남은 임무는 아이가 언제든 찾아올 수 있는 안식처가 되어주는 일입니다. 언제나 찾아와도 편안한 집, 자기 방이 항상 있는 그리운 곳. 그곳이 엄마여야 합니다. 건투를 빕니다!

오늘의 한 문장•••

You will always be my baby.
넌 나의 영원한 아가란다.

I pray for my child's future spouse from time to time.

It is special because I pray for someone that I've never met.

This person is going to be my boy's most beloved soul.

I pray that she will meet a wonderful husband

and I ask God to have my son's heart ready for her.

나는 때때로 내 아이의 장래 배우자를 위해 기도한다.
만난 적 없는 사람을 위해 기도하는 것이기에 특별하다.
우리 아이가 가장 사랑할 영혼이 될 사람이다.
나는 그녀가 훌륭한 남편을 맞이하기를 기도한다.
또한 아들의 마음을 그녀를 향해 준비시켜주십사 하느님께 간구한다.

 ···이것만은 기억해요

pray for ~를 위해 기도하다 | **future spouse** 미래의 배우자 | **from time to time** 때때로 | **it is special because ~** ~이기 때문에 특별하다 | **beloved** 사랑하는 | **soul** 영혼 | **wonderful** 훌륭한 | **have [A] ready for [B]** B를 위해 A를 준비하다

아이의 미래 배우자를 위한 기도

아이와 함께하는 삶이 기도 없이 어찌 가능할까요? 종교적 신념이나 신앙을 떠나 나에게 아이라는 선물을 주신 창조주에게 감사한 마음이 드는 건 당연합니다. 그리고 또 하나, 자녀에 대한 기도만큼 중요한 건 어딘가에서 살고 있을 자녀의 장래 배우자를 위한 기도입니다. 꼭 기도가 아니더라도 우리 아이가 좋은 배우자를 만났으면 하는 마음은 다 같을 것입니다.

그러려면 우리 아이가 먼저 좋은 사람이 되어야 하고, 그러기 위해서 부모의 노력 또한 더해져야 하겠지요. 저는 아이가 네 살 되던 해에 친구의 영향으로 아이의 미래 배우자를 위한 기도를 시작했습니다. 어디에선가 살고 있을 그 아이가 좋은 남편을 만나기를 바라는 기도이니, 우리 아이가 좋은 남편감이 되어야 한다는 뜻이 됩니다.

아이의 성장에 맞춰 문구도 조금씩 바뀌었습니다. 여기에 더하여, 우리 아이와 장래 며느리에게 예쁜 자녀를 주십사 하는 기도도 합니다. 제가 경험한 기쁨을 아이 내외도 누렸으면 하는 소중한 바람을 담아서요.

오늘의 한 문장•••

I pray for my child's future spouse from time to time.
나는 때때로 내 아이의 장래 배우자를 위해 기도한다.

chapter 04

**엄마이기에
노력해야 하는 일**

I keep asking myself if I'm doing enough for my children.

I also wonder how I will be remembered by them:

as a mother who pushed them relentlessly to study more,

or as their shelter when things got hard?

One thing is sure. I love them more than they will know.

내가 아이들에게 할 만큼 하고 있는지 끊임없이 자문한다.

아이들에게 난 어떻게 기억될지도 궁금하다.

자기들을 심하게 공부하라 압박했던 엄마로 기억할까,

아니면 힘든 일이 있었을 때 안식처로?

한 가지는 분명하다. 난 애들이 아는 이상으로 애들을 사랑한다.

 • • • 이것만은 기억해요

ask oneself 자문하다 | **do enough** 충분히 잘하다 | **I wonder how** 어떨까 궁금하다
| **be remembered (by ~)** (~에게) 기억되다 | **as [명사]** ~로서 | **push** ~를 압박하다 |
relentlessly 심하게, 무자비하게 | **shelter** 안식처, 쉴 수 있는 곳 | **things get hard** 상황이
어려워지다 | **sure** 분명한

아이는 나를 어떤 엄마로 기억할까?

'우리 아이는 자라서 나를 어떤 엄마로 기억할까?'

이런 생각이 들면 마음 한구석이 썩 편치가 않습니다. 기억은 가진 자의 것이기에 엄마의 닦달에 속상했던 일들만 아이의 기억 회로에 들어간다면 제가 너무 슬플 것 같아서요. 어쩔 수 없이 아이를 섭섭하게 했던 일, 나 자신의 문제로 아이에게 짜증냈던 일들이 떠오르고 그때 사과라도 제대로 할 걸 그랬다는 후회도 듭니다.

그래서 저는 자식에게 별로 특이한 기억거리를 주지 않는 평범한 엄마를 존경합니다. 자기가 세운 과한 욕심으로 인해 자식에 대한 감정이 널뛰는 엄마들을 많이 봐서 하는 말입니다. 아이에 대한 기대치를 조절할 줄 아는, 현명하고 자애로운 엄마가 된다는 게 얼마나 힘든지 아이가 클수록 더 크게 느낍니다. 있는 듯 없는 듯한 엄마, 요즘 제가 바라는 '이상적인 엄마'입니다. 제가 자식에게 한 가지 바라는 것은, 엄청나게 공부를 많이 시킨 조련사 같은 엄마로는 기억하지 않았으면 해요. 저, 정말 그렇게 한 것 같지 않거든요!

오늘의 한 문장 · · ·

I wonder how I will be remembered by my children.

아이들에게 난 어떻게 기억될지 궁금하다.

I want to be a physically strong mom.

I want to be a mentally healthy mom.

I want to be a mom who speaks nicely to my kids.

Most of all, I want to be a mom who smiles all the time,

but it's not as easy as it sounds.

몸이 건강한 엄마가 되고 싶다.
마음이 건강한 엄마가 되고 싶다.
아이들에게 다정하게 말하는 엄마가 되고 싶다.
항상 잘 웃는 엄마가 되고 싶다.
하지만 그게 말처럼 쉽지 않다.

 ・・・이것만은 기억해요

physically 신체적으로 | **mentally** 정신적으로 | **healthy** 건강한 | **a mom who [동사]** ~하는
엄마 | **nicely** 좋게, 다정하게 | **most of all** 무엇보다 | **all the time** 항상 | **as easy as** ~만큼
쉬운 | **as it sounds** 들리는 것처럼

기운이 나야 기분도 난다

아이들에게 몸도 마음도 건강한 엄마이고 싶은데, 그게 생각처럼 쉽지 않아요. 화내지 않고 소리 지르지 않고 예쁜 말만 하는 엄마가 되고 싶은데, 그 또한 참 어렵습니다. 게다가 집안일은 왜 해도 해도 끝이 없는지, 하루쯤 대충 하자고 마음먹어 보지만 그렇다고 시간이 남는 것도 아니에요. 아이와 매일 씨름하는 엄마들은 다 같은 마음일 겁니다.

그래서 시끌벅적한 하루가 가고 잠든 아이 얼굴을 보면 미안한 마음뿐, 더 잘해주고 싶은데 마음만큼 잘되지 않아서 그렇습니다. 그럴 때 저는 이런 생각을 하곤 했어요. '기운이 나야 기분이 난다.' 체력이 달리면 모든 일이 힘들게만 느껴집니다. 마음은 우리도 다 신사임당입니다만, 허덕이면서 어떻게 미소가 나오고 당장 눕고 싶은데 어떻게 같이 놀아주겠어요? 기운이 없어서 배달 음식 먹이고 간신히 양치시켜 재우고 나니 저문 해가 그저 고맙군요. 오늘 그냥 "미안하다, 사랑한다"로 마감합니다. 괜찮아요, 다 괜찮습니다.

오늘의 한 문장···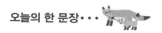

I want to be a mom who speaks nicely to my kids.
아이들에게 예쁘게 말하는 엄마가 되고 싶다.

Being a highly sensitive person, I was often anxious.

I've changed a bit since my first baby was born

because I don't want to be a mentally fragile mom.

Motherhood is extremely difficult and tiring.

I keep telling myself, a mother should be strong.

난 아주 예민한 사람이어서 자주 불안해했다.
(그런데) 첫아이가 태어난 뒤 조금 달라졌다.
유리멘탈 엄마가 되고 싶지는 않기 때문에.
엄마 노릇은 정말 힘들고 피로하다.
엄마는 강해야 한다고 되뇌고 있다.

 • • • 이것만은 기억해요

highly 몹시 | **sensitive** 예민한 | **often** 자주 | **anxious** 불안한 | **a bit** 약간 | **since** ~ 이후로
| **mentally** 정신적으로 | **fragile** 깨지기 쉬운 | **motherhood** 엄마 노릇, 엄마로 지내는 상태 |
extremely 굉장히 | **tiring** 피곤하게 만드는 | **keep ~ing** 계속 ~하다

때로는, 태연한 척 연기하기

'예민하다'는 말은 양면성을 지니고 있어요. 좋은 의미로는 세심하게 주의를 기울이고 꼼꼼하다는 뜻이고, 조금 부정적으로는 사소한 일에 연연한다는 뜻이 됩니다. 특히 이성보다 감정이 더 활발하게 작동하는 여성의 경우, 엄마가 됐을 때 아이와 시간을 보내면서 일희일비하기 쉬워요.

하지만 작은 일을 크게 걱정하고 별것 아닌 것에 불안해하면 아이에게 그 기분이 고스란히 전달됩니다. 특히 소심한 아이일 경우, 바로 엄마의 감정 변화에 영향을 받아 위축될 수 있으니 더욱 주의가 필요해요. 엄마가 되면 어지간한 일에는 놀라지 않고 아무것도 아니라는 듯 행동해야 하는 순간들이 많습니다. 쉽지 않은 일이지만 그래도 엄마이기 때문에 노력해야 하는 일이지요.

당황하지 않고 태연한 척 연기하기, 그러나 마음속으로 신속하게 대처법을 떠올리기. 이제 하다하다 연기까지 해야 하나 싶지만, 아이를 위해 엄마로서 발휘해야 하는 신공이랍니다.

오늘의 한 문장・・・

I keep telling myself, a mother should be strong.
엄마는 강해야 한다고 되뇌고 있다.

I wish my daughter were a good mix of her dad and me,

but she is becoming just like me as she grows up.

I don't want her to be quiet and shy like me.

I hid behind my mom when someone noticed me

when I was a child.

My parents said that she seems like a mini-copy of me.

우리 딸은 애아빠와 나를 잘 섞어 닮으면 좋을 텐데.
그런데 자랄수록 나를 닮아간다.
아이가 나처럼 수줍고 조용하지 않았으면 좋겠다.
어렸을 때 나는 누가 날 보면 엄마 뒤로 숨었다.
부모님은 우리 딸이 나의 미니 복사판 같다고 하신다.

 ···이것만은 기억해요

wish (that) [주어] [과거동사] ~이면 좋겠다 | **good mix** 잘 섞임 | **like** ~와 같은, ~처럼 |
quiet 조용한 | **shy** 수줍은 | **hide** 숨다(과거형 hid, 과거분사 hidden) | **behind** ~ 뒤로 |
someone 누군가 | **notice** ~를 알아보다, 주목하다 | **seem like** ~인 것 같다 | **a mini-copy**
작은 복제품

하는 짓은 엄마랑 똑같아요

내가 낳았는데도 내 선택권이 전혀 없이 결정되는 자식의 특성. 그나마 있는 장점도 물려주지 못한 경우도 억울하지만, 심한 경우 닮지 말았으면 하는 점이 비슷한 때가 있습니다. 그러면 닮아서 더 속이 상하기도 합니다. 아이의 성격은 그야말로 신의 영역이더군요. 기질temperament이라고도 하는데, 말 그대로 타고난 특성이에요.

저희 아이는 생긴 건 남편 판박이인데, 성격 특징은 저를 똑 닮았습니다. 한번은 어떤 어른이 "넌 아빠를 닮았구나"라고 하시니 일곱 살짜리가 글쎄 "그런데 하는 짓은 엄마랑 똑같아요"라고 말하더군요. 몹시 덜렁대고, 무언가를 잘 잃어버리고, 잃어버려도 아쉬워하지 않는 천하태평 낙천가라 "하는 짓은 엄마네"라고 제가 자주 말했거든요.

아이가 부모와 닮은 모습이 보이면 신기하긴 하나 어디까지나 독립적인 인간이니 자신만의 오롯한 특성이 있지요. 원하는 만큼씩 부모를 닮을 수 있는 거라면 정말 바라건대, 아이는 공평하게 부모를 딱 반반씩 닮으면 좋겠어요. 지금 옆에서 곤히 잠들어 있는 여러분의 아이는 누구를 많이 닮았나요?

오늘의 한 문장···

My daughter is becoming just like me as she grows up.
우리 딸이 자랄수록 나를 닮아간다.

You know everything has its own place.

You keep losing your stuff and cannot find it.

Please don't take your socks off just anywhere.

Please don't leave snack wraps everywhere.

Put the books back when you finish reading.

You promised to put your clothes back on the rack.

모든 물건은 제자리가 있다는 거 알잖아.

넌 물건을 계속 잃어버리고 찾질 못하네.

아가, 양말 좀 아무 데나 벗어놓지 말아주렴.

과자를 먹고 난 뒤에는 과자 봉지를 여기저기 놔두지 말아줘.

읽은 책은 제자리에 다시 갖다놔야지.

옷은 옷걸이에 걸어두기로 약속했잖니.

 •••이것만은 기억해요

everything 모든 것 | **one's own place** 제자리 | **lose** 잃어버리다 | **find** ~를 찾다 | **take off** ~를 벗다 | **anywhere** 아무 데나 | **leave** ~를 놓다 | **wraps** 포장지 | **everywhere** 여기저기 | **put [A] back** A를 다시 갖다놓다, 치우다 | **finish ~ing** ~을 마치다 | **promise to [동사]** ~하기로 약속하다 | **rack** 걸이

모든 물건은 제자리가 있단다

많은 아이들이 물건을 쉽게 잃어버리거나 잘 찾지 못해요. 가장 큰 이유는 물건을 사용한 뒤 제자리에 놓지 않기 때문입니다. 매일 잃어버린 물건을 찾느라 크고 작은 소동을 벌이고, 그러다 보면 화가 나서 아이를 꾸중하게 되지요. 하지만 어린아이들은 다 그렇습니다.

좀 나아지게 하려면 '물건 제자리에 두기' 연습을 시도하세요. 만지면 안 되는 물건은 아이 눈에 띄지 않는 곳으로 옮기는 게 우선입니다. 그리고 물건이 있을 곳을 확실히 정하고 물건에 라벨을 붙여주는 것만으로도 소리 지르는 일은 훨씬 줄어들어요. 예를 들면 '리코더의 집은 첫 번째 서랍', '크레용의 집은 책상 옆 큰 상자' 이렇게요.

물건이 속한 곳을 알아야 아이의 머리에 '정리'라는 개념이 잡힙니다. 정리는 일시적인 청소가 아니라 습관이에요. 이렇게 놀이처럼 연습하면 물건을 잃어버리고 찾는 소동을 덜하게 됩니다. 왼쪽 영문 표현은 아이들에게 물건을 제자리에 놓으라는 내용인데 부드럽게 말하세요. 문장 시작 전, 또는 후엔 허니honey, 스위티sweetie 등 사랑스러운 호칭을 붙이세요.

오늘의 한 문장•••

Put the books back when you finish reading.
읽은 책은 제자리에 갖다놔야지.

My daughter can't seem to put down her smartphone.

Social media and YouTube are big parts of her life.

I wonder if she's already addicted to her smartphone.

It keeps distracting her every few minutes.

I am really worried about her neck and eyes.

딸이 스마트폰을 손에서 내려놓지 못하는 것 같다.
소셜 미디어와 유튜브는 그 애 삶의 큰 부분이다.
이미 스마트폰에 중독된 건 아닐까?
폰 때문에 몇 분 간격으로 딴짓을 한다.
아이의 목과 눈이 정말 걱정이다.

 • • •이것만은 기억해요

can't seem to [동사] ~하지 못하는 것 같다 | **put down** ~를 내려놓다 | **I wonder if ~** ~인지 아닌지 궁금하다 | **be addicted to [명사]** ~에 중독되다 | **distract** ~를 산만하게 하다 | **every few minutes** 몇 분 간격으로 | **be worried about** ~를 걱정하다

애증의 존재, 스마트폰

스마트폰이 없었더라면 아이를 키우지 못했을 거라는 생각, 종종 하지 않나요? 아마 더 화를 내고 소리 지르는 엄마가 됐을지도 몰라요. 먼 거리를 이동할 때, 음식점에 가서 밥을 먹을 때, 너무 힘들어 조금이라도 쉬고 싶을 때 스마트폰은 큰 도움이 됩니다. 유모차에 달아놓은 스마트폰을 보고 자라서인지 요즘 아이들은 서너 살만 돼도 능숙하게 조작하고 초등학생이 되면 폰과 인생 단짝이 됩니다. 문제는 애착인형처럼 폰을 계속 찾더군요. 이 정도면 사실 걱정스럽습니다. 폰을 못 보게 할 때 아이가 이상 행동을 한다면 심각하게 생각해야 합니다. 스마트폰을 주지 말자는 뜻이 아닙니다. 다만 아이의 관심을 돌릴 수 있는 다른 흥밋거리가 없을까 고민을 해야 합니다.

이때 요령이 필요합니다. 스마트폰을 한창 재미있게 쓰는데 멈추게 하면 갈증만 생겨 아이가 좌절합니다. 주말처럼 시간이 있을 때는 푹 빠져서 즐기게 해주고, 가끔은 하다가 스스로 질릴 정도로 기다려주세요. 그리고 주중에는 타이머를 켜고 설정한 시간이 되면 절대 타협하지 말고 다른 놀이활동을 준비해 관심을 돌리세요. 계속 잡고 있을 수도 없고 완전히 놓을 수도 없는 스마트폰, 정말 애증의 존재입니다.

오늘의 한 문장···

My daughter can't seem to put down her smartphone.
딸이 스마트폰을 손에서 내려놓지 못하는 것 같다.

I love my children, but I don't like parenting.

I enjoy many things with them, but there are so many chores.

I've put all my energy into being a perfect mother,

but there is no such thing as a perfect child.

Parenting, all joy, but no fun!

아이들을 사랑하지만 부모 노릇이 즐겁지는 않다.

아이들과 함께하는 많은 것을 즐기지만 집안일이 너무 많다.

완벽한 엄마가 되기 위해 애쓰건만

(그에 맞는) 완벽한 아이는 세상에 없다.

부모 노릇, 기쁘긴 하지만 재미있는 일은 아님!

 •••이것만은 기억해요

parenting 부모 역할을 하다 | **chore** 번거로운 일 | **put energy into** ~에 온 힘을 쏟다 |
perfect 완벽한 | **there is no such thing as** ~와 같은 건 없다 | **all joy** 큰 기쁨 | **fun** 재미,
재미있는 일

그렇게 부모가 됩니다

단도직입적으로 말해 부모 노릇, 즐겁지 않아요. 항상 잠은 모자라고, 식탁에 앉아 밥 한 끼 제대로 먹는 건 욕심이고, 거울에 비친 자신을 보면 속상하고 한숨만 나오는데 운동은 꿈도 꾸지 못하니까요. 해야 할 일은 가득한데 아이는 엄마를 놓아주지 않습니다. 저도 간신히 하나 낳았습니다만, 하나로도 힘에 겨운데 자꾸 둘째를 낳으라는 어른들의 압력은 부아가 치밀게 하지요. 그런데 둘째 타령이 싫었던 제가 어느새 젊은 엄마들에게 똑같이 둘째 타령을 읊고 있으니 무슨 조화일까요?

그나저나 부모 노릇 얘기로 돌아와서, 솔직히 그 자리 괴롭습니다. 그래도 버거운 그 노릇을 버티게 하는 건 순간순간 아이가 주는 즐거움이죠. 아이의 미소와 냄새, 뜻도 모르고 종알대는 아가어. 그 재미는 마치 하루 종일 폭풍우에 시달리다가 반짝 해를 만난 기분입니다. 그렇게 반짝 해가 모여 모여 날이 가고 그렇게 부모가 됩니다. 아이가 주는 짧은 환희로 기나긴 노고를 견디는 일. 순간의 기쁨을 맞기 위해 긴 인내의 시간을 감내해야 하는 것이 바로 우리 인생에서 자녀양육 시기가 아닐까 싶어요. 그런데 그 시기가 지나고 나면 아무리 계속 해가 떠도 짜릿한 순간은 없으니, 이 또한 무슨 조화일까요?

오늘의 한 문장··· 🦊

I've put all my energy into being a perfect mother.
완벽한 엄마가 되기 위해 애쓴다.

We should not scare our kids to change their behaviors.

I know that, but my son does something annoying

again and again.

I try to understand him when he behaves badly.

I keep from smacking him, but end up shouting at him.

Gosh! When is he going to listen to me?

아이의 행동을 고친다고 겁을 줘서는 안 된다.
잘 알지만 우리 아들은 짜증나는 짓을 하고 또 한다.
나쁜 행동을 하더라도 이해하려고 애를 쓴다.
체벌은 삼가는데 결국 소리를 지르게 된다.
휴, 언제쯤 내 말을 들으려나?

 • • • 이것만은 기억해요

scare ~를 겁주다 | behavior 행동 | annoying 짜증스러운 | again and again 하고 또 하고 | behave badly 못된 행동을 하다 | keep from ~ing ~을 삼가다 | smack 체벌하다 | end up ~ing 결국에는 ~를 하다 | shout at ~에게 소리치다 | be going to [동사] ~할 예정이다 | listen to ~의 말을 듣다

세상의 중심에서 벽을 향해 외치다

아이가 말을 듣지 않아도 인내심을 가지고 기다리라는 전문가들의 말이 전혀 와닿지 않은 건 저뿐인가요? 아이를 키우며 화를 내지 않기란 불가능해요. 아이들 얼굴 옆에 붙은 건 귀가 아니라고 말씀드렸죠? 아무리 말해도 안 들리거든요. 저 역시 아이가 어렸을 때 한 번 알아듣게 설명했음에도 같은 잘못을 반복했을 땐 벌을 세우거나 욱해서 쥐어박곤 했어요. 그러고는 밀려오는 후회……. 다행히도 아이는 저의 만행을 기억하지 않더군요. 만행과 만행 사이에 아이를 물고 빨고 뽀뽀 세례를 퍼부었으니까요. 그러면서 스스로 위안했죠. 나는 아까 화를 낸 게 아니라 훈육을 한 거라고.

그런데 화가 나면 화를 내야 해요. 단, 아이 얼굴이 아닌 벽을 향해 화를 내세요. 면벽수도가 아니라 면벽고성인 거죠. 그렇게 지내다 보면 아이의 귀가 어느덧 제 역할을 하겠죠. 그때까지 벽에 대고 열심히 외칩시다.

"Yainumskiya!" 벽 중에서 화장실 벽이 최적의 장소인 줄로 아뢰오!

오늘의 한 문장···

Gosh! When is he going to listen to me?

휴, 언제쯤 내 말을 들으려나?

I'm exhausted. Just the same thing every single day.

There's no one to save me, no one to back me up.

My husband is busy at work, going out of town a lot.

Taking care of two kids on my own, that's what I do.

I try to embrace and enjoy it but it's not as easy as it sounds.

나는 지쳤다. 매일매일이 똑같다.
날 구해줄 사람도, 도와줄 사람도 없다.
남편은 직장생활로 바쁘고 출장도 잦다.
두 아이를 혼자 키우는 것, 그것이 내 일이다.
받아들이고 즐기려 하는데 말처럼 쉽지 않다.

 ・・・이것만은 기억해요

exhausted 지친 | **every single day** 매일매일 | **save** ~를 구하다 | **back up** ~를 지지하다
| **at work** 직장에서 | **go out of town** 출장(여행) 가다 | **take care of** ~를 돌보다 | **on one's**
own 혼자 | **embrace** ~를 받아들이다 | **not as [형용사] as it sounds** 말처럼 ~한

시간이 답이지요

독박육아.

제가 아이를 키울 때는 없던 말입니다. 엄마는 으레 혼자 양육자였으니까요. 육아 도우미를 고용하면 감사한 일이고, 남편이 육아를 함께하면 대단히 복 받은 처지였어요. 그래서 사회생활을 하는 여성들은 대부분 친정 부모님 신세를 질 수밖에 없었지요. 지금도 그렇지만 당시에는 맡길 곳이 더 없었습니다. 직장을 다니면 독한 여자 소리를 듣기도 했으니 참 서러운 시절이었죠.

직장마다 아이를 돌봐줄 시설까지는 바라지도 않아요. 워킹맘, 전업맘을 불문하고 마음놓고 아이를 잠시라도 안전하게 맡길 수 있는 곳이 있으면 참 좋겠어요. 하나는 붙들고 하나는 유모차에 태우고 바리바리 아기물품 싸는데 가야 할 곳은 기껏 슈퍼마켓, 세탁소……. 독박이라니 참 말도 잘 만들었지, 누가 그 비애를 알아줄까요?

먼저 겪은 제가 말씀드릴게요. 육아의 끝은 있어요. 그걸 영원히 해야 하는 건 아니에요. 시간이 그 끝을 가져다주기에 지금은 기다리는 수밖에 없다는 게 함정이지만. 오늘도 힘든 일이 많았지요? 그대의 하루를 응원하며 저 혼자라도 박수쳐드릴게요.

오늘의 한 문장•••

Taking care of two kids on my own, that's what I do.
두 아이를 혼자 키우는 것. 그것이 내 일이다.

My daughter is such a slow learner

that it takes time to get things right.

Sometimes it makes me feel anxious, but she is just like me.

I remember how my mom was upset

when I was working on something.

She thought that I was a bit lazy instead of giving me more time,

but I often say to my daughter, "Take your time. I can wait."

우리 딸은 배우는 데 느린 편이라 잘하기까지 시간이 걸린다.

가끔 나를 초조하게 하지만 아이는 영락없이 나와 닮았다.

내가 무언가 공부할 때 엄마가 속상해했던 기억이 난다.

엄마는 내게 시간을 더 주지 않고 내가 게으르다고 생각했다.

하지만 나는 우리 딸에게 자주 말한다. "천천히 해. 기다릴게."

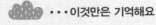 • • • 이것만은 기억해요

such [형용사] [명사] 대단한 무엇 | **a slow learner** 늦되는 사람, 배우는 속도가 느린 사람 | **get things right** 제대로 하다 | **anxious** 불안한 | **upset** 속상한 | **work on** (과제, 업무 등)을 하다 | **a bit** 약간 | **lazy** 게으른 | **instead of** ~ 대신, ~하지 않고 | **often** 자주 | **say to** ~에게 말하다 | **take one's time** 여유 있게 시간을 갖다

천천히 해. 엄마가 기다릴게

또래보다 발달이 느린 아이가 있어요. 체격만 작으면 그러려니 하는데 인지 발달, 더 솔직히 말해 학업 능력이 주변 아이들에 비해 늦으면 엄마는 초조해지고 맙니다. 시간을 충분히 주면 해낸다는 걸 알고 있어도, 사실 자기 아이가 느린 편이면 속으로 아무렇지 않을 엄마는 없을 거예요. 나의 육아 방법이 잘못됐나, 좋은 교구를 들여야 하나 등등 심사가 복잡합니다. 그리고 넌 왜 이러냐고 말은 안 해도 자기도 모르게 아이를 자꾸 재촉하게 돼요.

어느 날 존경하는 신부님께서 한 인간이 생을 다했다는 것은 그에게 주어진 시간을 다 썼다는 것이므로 "생명이란 시간이다"라고 하셨습니다. 아이를 기다려 준다는 것은 시간, 즉 생명을 주는 것이요, 재촉하는 것은 아이의 목숨을 조르는 일이라고 꾸중하시더군요. 아, 부끄러울 뿐 아니라 시달린 우리 아이 생각에 가슴이 아팠습니다. 우리 자신도 그리 빠른 사람들이 아닙니다. 도리어 느립니다. 지금도 저만치 앞서서 세상의 발전을 위해 싸우는 진두 지휘관도 아니지 않습니까? 그러니 이 한마디 할 수 있는 엄마가 되시기를!

"천천히 해. 엄마가 기다릴게."

오늘의 한 문장···

Take your time. I can wait.
천천히 해. 기다릴게.

My son was injured so I took him to the ER.

A cut over his eyebrow looked a bit severe.

I had to wait for over 2 hours, comforting the crying boy.

I just hope the wound heals soon and won't leave a scar.

What a long day!

우리 아들이 다쳐서 응급실로 데려갔다.
눈썹 위 상처가 약간 심각해 보였다.
우는 아이를 달래면서 두 시간 넘게 기다려야 했다.
상처가 빨리 아물고 흔적이 남지 않기를 바랄 뿐이다.
오늘 하루 진짜 힘들었네!

 ···이것만은 기억해요

be injured 상해를 당하다 | **ER** 응급실(emergency room) | **cut** 자상, 찢어짐 | **eyebrow** 눈썹 | **a bit** 약간 | **severe** 심각한 | **over** ~이 넘는 | **comfort** ~을 위로하다 | **wound** 상처 | **heal** 낫다 | **leave** ~를 남기다 | **scar** 상처, 흔적 | **what a ~** 너무나 ~하다, ~하기도 해라 | **a long day** 힘든 날

하루가 유난히 길게 느껴지던 날

아이가 다치는 것은 순식간입니다. 각별히 신경을 쓰며 보살피고 있어도 여차하면 사고가 납니다. 특히 어딘가가 찢어져 피라도 보는 날에는 아비규환이 따로 없지요. 침착하게 대처하고 싶어도 침착할 수 없습니다. 부랴부랴 응급실에 가도 치료를 바로 받지도 못하고 기다리기 일쑤예요. 의사를 보고 기겁한 아이를 붙들고 같이 울다시피 하며 치료를 마치고 돌아오면, 그제야 정신이 들면서 찢어진 부위가 행여 흉터로 남을까 걱정하며 노심초사가 시작됩니다.

이런 일이 있고 나면 아이의 상처보다 더 깊은 상처가 엄마 마음에 남아요. 내가 그때 눈을 떼지만 않았더라면 하는 자책과 끊임없이 밀려드는 후회로 밤새 잠을 못 이룹니다. 그러나 아이는 아무리 지키고 있어도 예상치 못한 순간에 갑자기 다쳐요. 아무리 빤히 쳐다보고 있어도 넘어지고, 뒤에서 자전거를 붙잡는데도 쓰러지고, 하다못해 책 종이에 베이기도 하니 천사만사 엄마가 다 막기는 어렵습니다.

그저 다시는 안 다쳤으면, 다치면 어서 아물기를 바라는 일이 반복되는 게 육아입니다. 그래서 이 말이 저절로 나오고 말죠. "아이고, 힘들다!"

오늘의 한 문장···

What a long day!
하루가 너무 길었어(힘들었어)!

We took our kids to a restaurant yesterday.

Dining out with them is still a challenge.

They were very loud and disruptive at the table.

People might think that we do not discipline them.

Dining out with the kids can be a disaster.

어제 아이들을 데리고 식당에 갔다.

그 애들 데리고 외식하는 건 아직 무리다.

녀석들이 식탁에서 떠들며 소동을 부렸다.

사람들은 우리가 자식 교육을 안 시킨다고 생각할 것이다.

아이들과의 외식은 그저 난장판이 될 수 있다.

 • • • 이것만은 기억해요

take [A] to [B] A를 B에 데려가다 | **dining out** 외식 | **challenge** 어려움, 난제 | **loud** 소란스러운 | **disruptive** 지장을 주는, 방해가 되는 | **discipline** ~를 훈육하다 | **disaster** 난리, 소동

외식 한 끼가 이렇게 힘들어서야

아이들 데리고 모처럼 외식하러 나갔다가 혼이 빠져 돌아온 경험, 다들 있지 않나요? 아이가 둘만 돼도 외식은 정말 엄청난 결심 끝에 행해야 하는 일이 되지요. 녀석들이 음식을 먹네 마네 난리로 시작해서 포크를 떨어뜨리고 물을 쏟고, 음식 놓을 공간도 없는데 들고 온 장난감을 식탁에 꼭 올려야 해요. 여기에 중간중간 교대로 화장실에 데려가야 합니다. 간신히 한술 뜨나 했더니 녀석들이 싸우네요.

네, 말 그대로 전쟁터입니다. 집에만 있는 아이들이 안쓰러워 바람도 쐴 겸 큰맘 먹고 집을 나섰겠지요. 오래간만에 맛있는 것도 먹고 기분 전환도 할 생각이었겠죠. 하지만 자리에 앉은 지 5분도 안 되어 '집에서 그냥 배달 음식 시켜 먹을걸' 하는 후회가 밀려듭니다. 음식점에서 이렇게 혼비백산하는 아기 엄마 아빠를 보면 괜찮다고, 천천히 먹으라고 모두들 따스한 말 한마디 해주면 좋겠습니다. 우리도 다 아이를 키우는 사람들이니까요.

오늘의 한 문장•••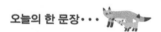

We took our kids to a restaurant yesterday.
어제 아이들을 데리고 식당에 갔다.

We went to a family restaurant last night.

A family with two kids had sat at the table next to us.

While we were eating, the kids ran by us screaming.

Their parents just sat at the table watching them run around.

I almost yelled, "Keep your children under control!"

어제 저녁 우리는 패밀리 레스토랑에 갔다.
두 아이가 있는 가족이 옆자리에 앉아 있었다.
우리가 먹는 동안 그 아이들이 소리 지르며 옆을 지나쳐 뛰어갔다.
부모는 그냥 식탁에 앉아 아이들이 뛰는 모습을 보고 있었다.
난 "아이들 좀 말리세요!"라고 소리를 지를 뻔했다.

 · · · 이것만은 기억해요

last night 어젯밤 | **next to** ~ 옆에 | **while** ~하는 동안 | **run by** ~의 옆을 뛰어 지나가다 |
scream 비명을 지르다 | **watch [A] [동사]** A가 ~하는 것을 지켜보다 | **run around** 뛰어 돌
아다니다 | **almost [과거동사]** 거의 ~할 뻔하다 | **yell** 소리 지르다 | **keep [A] under control**
A를 통제하다, 건사하다

내 아이는 내가 살펴야죠

아이들을 무척 좋아하는 제 눈에도 눈살이 찌푸려지는 광경이 있어요. 식당이나 공공장소에서 아이들을 통제하지 않는 무감각한 부모들을 볼 때입니다. 부모가 아이들을 조심시키려고 애를 쓰는데도 불구하고 소란 떠는 것은 밉지 않아요. 하지만 아이가 악을 쓰며 주변의 시선을 끄는데도, 자기들끼리 대화에 열중하거나 휴대폰만 볼 때는 기분이 상합니다.

심지어 아이는 식당 통로와 입구에서 단거리 달리기하듯 정신없이 뛰는데 엄마들은 아랑곳하지 않고 수다 삼매경에 빠져 있는 경우도 보았어요. 혹시라도 그릇이 떨어질까, 식탁 모서리에 부딪힐까 걱정이 되어 제가 아이들을 지켜봤지 뭡니까. 직원이 뜨거운 음식이라도 들고 나오면 어쩌나 싶어 조마조마했어요. 엄격히 따져 노 키즈 존no kids zone이 아니라 아이를 돌보지 않는 '무책임한 부모 금지 구역no irresponsible parents zone'이 맞는 팻말 같습니다.

오늘의 한 문장 •••

Keep your children under control!
아이들 좀 말리세요(통제하세요)!

Taking the risk of starting something is difficult for a child.

Anything new feels challenging without self-confidence.

It is said that self-confidence is built by achieving goals.

Without experience, it's not easy to be confident.

So, I try not to set too big goals for my children.

무언가 시작하는 모험은 어린아이한테는 어렵다.

자신감이 없으면 새로운 건 어렵게 느껴진다.

자신감은 목표를 완수함으로써 생긴다고 한다.

경험 없이는 자신감을 갖기가 쉽지 않다.

그래서 난 내 자식을 위해 너무 큰 목표를 두지 않으려 한다.

 • • • 이것만은 기억해요

take a risk of ~라는 모험하다, ~의 위험을 무릅쓰다 | **challenging** 어려운 | **self-confidence** 자신감 | **it is said that** ~라고 일컬어진다 | **be built by** ~에 의해 만들어지다 | **achieve** ~을 달성하다 | **goal** 목적 | **experience** 경험 | **confident** 자신감 있는 | **set a goal** 목표를 세우다

아이의 자신감을 키워주는 엄마의 습관

처음부터 김장 백 포기를 하는 사람은 없어요. 배추 한 통으로 시작해서 점점 양을 늘리고, 다른 음식도 이것저것 해본 뒤 비로소 김장이라는 큰 목표에 도전합니다. 영어도 마찬가지예요. 쉽고 재미있는 내용을 읽고 듣는 것이 습관이 돼야 말문이 트입니다. 매일 안 하면 이상하게 느껴질 만큼의 습관이 먼저 쌓여야 해요. 글씨를 읽을 수 있다고 아이에게 두꺼운 책 들이밀며 재촉하면, 간신히 도마 놓고 파 써는 사람한테 갑자기 백 포기 김장하라는 것과 같습니다.

작은 일을 해낸 경험이 있어야 어려운 일에 도전하고자 하는 힘과 용기가 생겨요. 이것을 자신감이라고 합니다. 자신감 있는 아이와 없는 아이의 차이도 여기에 있습니다. 자신감은 성취감의 부산물인지라 목표에 도달해본 적이 있어야 자신감도 생깁니다. "자신감을 갖자!" 현수막 걸고 캠페인 한다고 되지 않아요. 작은 일을 해내고 "어, 되네" 하면서 자기도 모르게 단단히 쌓여가는 것이 자신감! 그러니 아이가 쉬운 책을 다 읽었을 때 그 기분을 충분히 느끼게 하고 노력을 칭찬하세요. 칭찬이 누굴 춤추게 하는지 잘 아시지요?

오늘의 한 문장 • • •

Self-confidence is built by achieving goals.
자신감은 목표를 완수함으로써 생긴다.

My friend talks nonstop about every little thing about her son.

She keeps boasting about his progress to everyone.

I try to show interest to be polite, but it is so boring.

She seems to have fallen into a stupid-mom trap.

It's not likely that she will get out of it any time soon.

내 친구는 시시콜콜한 자기 아들 얘기를 쉬지 않고 늘어놓는다.
사람들에게 끊임없이 아이가 잘한다고 자랑한다.
난 예의상 관심을 보이려고 노력하지만 진짜 지루하다.
친구가 바보 엄마(아들 바보)라는 덫에 빠진 것 같다.
조만간 빠져나올 것 같진 않네.

 •••이것만은 기억해요

talk nonstop 쉬지 않고 말하다 | **every little thing** 시시콜콜한 것 | **boast about** ~에 대해 자랑하다 | **progress** 향상, 발전 | **interest** 관심 | **polite** 예의 바른 | **boring** 지루한 | **fall into** ~에 빠지다 | **trap** 덫 | **it's not likely that** ~일 것 같지 않다 | **get out of** ~에서 나오다 | **any time soon** 얼마 후에 곧, 조만간

아이 자랑은 언제나 즐겁지만

누군가를 만났을 때 자기도 모르게 내 아이 얘기를 너무 많이 하고 있지 않나요? 물론 우리 삶이 아이 일로 가득하다는 뜻이기도 하겠죠. 그런데 자녀 상담을 위해 만난 상대가 아닌데, 솔직히 내 자식의 시시콜콜한 일에 관심이 있을까요? 상대가 묻지 않는 이상, 아이 얘기를 자꾸 할 필요는 없습니다. 예의상 던진 질문에 눈치 없이 자꾸 아이 얘기를 계속하면 대화가 재미없어지는 지름길로 가는 겁니다.

자기 아이가 너무 사랑스러워서 온갖 사진을 보여주고, 조금만 잘해도 마구 자랑하는 증상. 어디 나만 그럴까요? 다른 사람들도 모두 자기 아이 얘기만 하고 싶지, 남의 아이 얘기를 듣고만 싶지는 않답니다. 그러니 서로 조심해야 하는 증상이지요. 어르신들 보세요. 서로 자식 자랑하는데 아무도 듣지 않고 각자 자기 얘기만 해요. 듣는 이가 재미있어야 진짜 대화랍니다. 나만 즐겁고 신나는 건 독백이라는 사실, 잊지 마세요.

오늘의 한 문장•••

She keeps boasting about his progress to everyone.
그녀는 사람들에게 끊임없이 아이가 잘한다고 자랑한다.

chapter 05

좋은 엄마가 되고 싶어

My ten-year-old daughter wants to be a YouTuber.

She says lots of her friends are on YouTube

and their parents are helping them.

I don't even know how to take or edit video.

Should I learn how to use video editing apps?

열 살짜리 내 딸이 유튜버가 되고 싶어한다.

아이 말로는 친구들 여럿이 유튜브를 하고

부모님이 도와준다고 한다.

나는 비디오를 찍을 줄도, 편집할 줄도 모른다.

비디오 편집 앱 사용법을 배워야 할까?

 •••이것만은 기억해요

ten-year-old 열 살 된 | **lots of** 많은 | **be on YouTube** 유튜브에 나온다, 유튜브에서 활동
한다 | **take a video** 동영상을 찍다 | **edit** ~을 편집하다 | **learn how to** ~하는 것을 배우다 |
app 앱, 애플리케이션(application)

122

유튜버가 되고 싶다는 아이들

얼마 전만 해도 장래희망란에는 의사나 교사, 공무원, 과학자가 단골로 자리했어요. 하지만 요즘 아이들의 장래희망 목록엔 크리에이터, 그러니까 유튜버가 상위를 차지한다고 하네요. 디지털 시대를 사는 아이들인 만큼 유튜버를 꿈꾸는 게 낯선 일은 아니겠지요. 게다가 유명한 어린이 유튜버는 잘 알려진 아역 배우만큼 인기도 누리고 수입도 많다고 하니 부정적으로 볼 일도 아니구나 싶습니다.

음악가나 미술가처럼 예술적 재능만 재능이 아니에요. 잘 먹는 것도 재능이 될 수 있고, 무엇을 잘 설명하는 것 또한 굉장한 능력입니다. 미래에 선호되는 직업은 분명 지금의 직업군과 완전히 다를 겁니다. 우리와는 다른 시대를 살 세대이니 아이가 원한다면 유튜버를 해보라고 하는 건 어떨까요? 영상을 업로드하는 것이 생각보다 쉬운 일이 아니고, 조회수가 오르지 않으면 대부분은 얼마 있다 관심이 떨어진답니다. 그런데도 아이가 재미를 붙이고 꾸준히 하면 그때 잘 도와주면 되지요. 이 또한 아이의 미래를 응원하는 하나의 방법 아닐까요?

오늘의 한 문장···

My ten-year-old daughter wants to be a YouTuber.
열 살짜리 내 딸이 유튜버가 되고 싶어한다.

An online children's bookstore is going to have a clearance sale.

It is no surprise that the day will create a shopping frenzy.

I wonder why I buy books that are not on my list.

Some books are too difficult for my kids to read.

I get easily carried away and buy things that I don't need.

한 온라인 어린이 서점에서 창고정리 세일을 할 예정이다.
그날 쇼핑 대란을 불러일으킬 게 뻔하다.
나는 왜 구매 목록에도 없는 책을 사는지 모르겠다.
어떤 책은 너무 어려워서 우리 애들이 읽지도 못한다.
쉽사리 휩쓸려서 사지 않아도 될 것을 산다.

 ᆞᆞᆞ이것만은 기억해요

clearance sale 창고정리 할인판매 | it's no surprise that ~는 놀랄 일도 아니다 | create
~을 만들다 | frenzy 광풍, 열광 | be on one's list 목록에 있는 | easily 쉽사리 | get carried
away 휩쓸리다

교육이라 쓰고 쇼핑이라 읽는다

쇼핑이 주는 즐거움은 절대 포기할 수 없죠. 주문한 택배가 도착한다는 문자 메시지에 설레는 재미라니! 여기에 아이 교육이라는 명분이 더해지면 주저없이 소비하는 고객이 엄마들입니다. 아이 물건, 그중에서도 특히 책을 사는 데는 돈을 아끼지 않는 사람들이죠. 이 책도 사주고 싶고, 저 책도 읽히고 싶고, 전집 몇 질 정도는 갖춰야 할 것 같고.

그런데 책을 사줄 때도 요령이 있어요. 먼저 세일에 눈이 어두워 아이가 읽을 수 없는 수준의 어려운 책을 사는 건 안 됩니다. 나중에 커서 읽으면 된다고요? 그때 되면 더 좋은 책이 나와요. 도서관에 가서 아이가 좋아하는 책을 먼저 읽게 하는 것도 방법이에요. 반나절 정도 머물면서 아이가 집중한 책을 눈여겨보았다가 사주세요. 세트로 사는 것만이 좋은 것도 아닙니다. 다른 아이가 좋아하는 책을 내 아이도 좋아하리라는 보장이 없으니까요. 세트 중 첫 권을 빌려서 읽어본 뒤 아이의 반응을 살펴보고 전질을 구입하는 게 현명해요. 다 아는 얘기이겠지만 잔소리 한 번 더 합니다.

오늘의 한 문장···

I wonder why I buy books that are not on my list.
나는 왜 구매 목록에도 없는 책을 사는지 모르겠다.

Look around and be patient. You can find a good deal.

Collect points and shop on the right days.

Leave an item in the cart and just wait until it's on sale.

Use stores which offer free shipping on a minimum order amount.

Use second-hand markets. You can find good deals.

둘러보고 기다려라. 싼 물건을 찾을 수 있다.
적립금은 모았다가 적당한 날에 사용하라.
카트에 물건을 담아두고 세일할 때까지 기다려라.
최소 주문 금액이 되면 무료 배송하는 곳을 이용하라.
중고마켓을 이용하라. 횡재할 수 있다.

 • • • 이것만은 기억해요

look around 둘러보다 | **patient** 인내하는 | **good deal** (훨씬 더) 저렴한 물건 | **collect** 모으다 | **until** ~할 때까지 | **on sale** 할인 판매 중 | **offer** ~를 제공하다 | **free shipping** 무료 배송 | **on a minimum order amount** 최소 주문 금액 | **second-hand** 중고

쇼핑에도 천재가 있다

같은 물건을 사도 나보다 적게는 10%에서 많게는 30%씩 저렴하게 사는 친구가 있어요. 귀신같이 반짝세일을 알아내는 그녀는 이름하여 쇼핑천재. 그래서 저는 필요한 품목이 있으면 그 친구한테 어디서 사면 되느냐고 묻습니다. 조금 있으면 친구가 구매링크를 보내주는데 신기하게 싸고 진짜 정품이에요. 그렇게 사고 난 뒤 백화점에 갔다가 같은 물건에 비싼 가격이 붙어 있는 걸 보면 기분이 참 좋더군요. 가끔 친구가 좋은 기회라고 어떤 물건을 추천해주는데 그러면 내게 필요가 없어도 사고 싶은 충동이 생깁니다.

친구 말로는, 온라인 쇼핑에도 요령이 있다네요. 무조건 검색해서 바로 사는 게 아니다, 세일이라고 해도 여러 사이트와 비교해보면 진정한 세일이 아닌 경우가 많다, 같은 브랜드 제품이라도 두 사이트의 제품이 신형인지 구형인지 살펴야 한다 등등. 이외에도 쇼핑천재가 알려준 현명한 구매 팁을 추가 공개할게요. 쇼핑하고 싶은 날, 왼쪽 페이지에 있는 영어와 한글을 쓱 읽어보세요.

오늘의 한 문장···

Use second-hand markets. You can find good deals.
중고마켓을 이용하라. 횡재할 수 있다.

My husband let me enjoy my free time alone this afternoon.

I took a seat at a pretty coffee shop to enjoy my me-time.

I read a good book until two cups of coffee got cold.

I realized one thing today:

Being alone is not the same as being lonely.

What a day!

남편이 오늘 오후 나만의 시간을 즐기라고 했다.
자부타임을 즐기기 위해 예쁜 커피숍에 자리잡았다.
커피 두 잔이 다 식도록 책을 읽었다.
오늘 하나 깨달은 게 있다.
혼자라는 말과 외롭다는 말은 같지 않다.
즐거웠던 하루!

 • • • 이것만은 기억해요

let [A] [동사원형] A로 하여금 ~하게 해주다 | **alone** (부사, 형용사) 혼자, 혼자인 | **this afternoon** 오늘 오후 | **take a seat** 자리를 잡다 | **me-time** 나만의 시간 | **get cold** 식다 | **realize** ~를 깨닫다 | **not the same as** ~와 같지 않은 | **lonely** 외로운 | **What a day!** 엄청난 하루였어!(좋은 의미, 나쁜 의미 모두 가능)

하루쯤 마음껏 누려도 되는 날

'자부타임'이란 말을 알게 됐어요. 제가 아이를 키울 땐 없던 말이라 처음에는 무슨 뜻인지 몰랐습니다. 알고 보니 자유부인이 되어 혼자만의 시간을 갖는 엄마들의 행복한 순간을 의미하더군요. 영어로는 'me-time'이 적절할 듯합니다. 옛날 옛적에 제가 외국에서 온 친구를 만나기 위해 돌이 채 되지 않은 아이를 남편에게 맡기고 친구와 하루 종일 시간을 보낸 적이 있어요. 생각해보니 그게 저의 자부타임이었어요. 그런데 몸은 친구와 있었지만 신경은 온통 집에 있는 아이에게 향했어요. 자유는커녕 마음속에 불안만 가득한 날이었지요.

그래도 자부타임, 그런 시간 자체가 참 고맙네요. 아이를 키우다 보면 혼자만의 시간을 갖기가 어려운데 자신을 위한 시간이 주어졌다면 실컷, 정말이지 최선을 다해 누려야죠. 옛날로 되돌아가 자부타임이 주어진다면 그날만은 맘껏 누려보고 싶네요. 아이와는 다음 날부터 다시 신나게 놀아주면 되니까.

오늘의 한 문장•••

Being alone is not the same as being lonely.
혼자라는 말과 외롭다는 말은 같지 않다.

I've tried to make mom-friends since my kid started school.

I met a nice lady, but my daughter doesn't like her daughter.

My daughter says that another girl, Yuni is her best friend,

but I don't want to be a friend of her mother's.

I hope I find a mom-daughter couple that we both will click with.

아이가 학교에 다니고부터 같은 반 엄마를 사귀려고 노력했다.
좋은 사람을 만났는데 우리 애가 그 집 딸을 싫어한다.
우리 딸은 다른 아이, 유니가 제일 친한 친구라고 하는데,
나는 그 애 엄마와 친구가 되고 싶지는 않다.
서로 금세 좋아할 엄마-딸 커플이 있으면 좋겠네.

 • • • 이것만은 기억해요

make friends 친구를 사귀다 | **mom-friends** 아이의 같은 반 친구엄마(친구가 된 사이) |
since ~한 이래로 | **start school** 입학하다 | **another** 다른 | **a friend of one's** ~의 친구 | **I**
hope (that) 나는 ~을 희망한다 | **both** 둘 다 | **click with** ~와 (즉시) 통하다

인연은 억지로 안되네요

아이가 학교에 다니기 시작하면 원하든 원치 않든, 같은 반 아이 엄마를 만날 일이 생깁니다. 아이들끼리도 친하게 지내고 엄마들끼리도 마음이 맞으면 더없이 좋겠지만 그런 경우가 생각만큼 쉽지 않아요. 아이들끼리는 서로 잘 놀아도 엄마끼리는 소통하기 힘들 수 있고, 반대로 엄마들은 마음이 맞아 좋은데 아이들끼리는 서로 싫어하기도 해요.

제 경우엔 아이가 좋아하는 친구가 있어서 그 아이 엄마와 잘 지내려고 만났는데, 만나자마자 좋아하는 타입의 사람이 아니라는 걸 느꼈어요. 상대도 저를 불편해했습니다. 엄마들끼리 호감이 없으니 아이들끼리도 자주 어울리게 되지 않더군요. 아무래도 서로 집으로 부르지도 않고, 같이 놀러나가게 되지도 않으니까요. 어린 자녀가 친구를 사귀는 데는 여러모로 엄마의 역할이 큽니다. 모든 관계와 만남에는 적절한 시기가 있고 궁합이 맞아야 하니, 역시 인연은 억지로 만들어지지 않는군요.

오늘의 한 문장···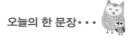

I have tried to make mom-friends since my kid started school.
아이가 학교에 다니고부터 (나도) 같은 반 엄마를 사귀려고 노력한다.

I am having a tough time because of my son's misbehavior.

I need someone that I can get some advice from.

So, I want to make friends with some moms to share my feelings,

but I am not very comfortable when I talk with them.

I feel that they don't show any interest in others.

말을 듣지 않는 우리 아들 때문에 요즘 힘들다.

조언을 얻을 수 있는 사람이 필요하다.

그래서 아이 엄마들과 친해져서 마음을 나누고 싶다.

그런데 그 사람들과 얘기를 나눌 때 별로 편하지 않다.

남에게 관심을 보이지 않는 게 느껴진다.

 • • • 이것만은 기억해요

tough 힘든 | **because of** ~ 때문에 | **misbehavior** 나쁜 행동 | **advice** 조언 | **make friends with** ~와 친구가 되다 | **share one's feelings** 감정을 공유하다 | **comfortable** 편안한 | **show interest in** ~에 관심을 보이다 | **others** 타인

슬픔을 나누면 흠이 된다?

'기쁨은 나누면 배가 되고 슬픔은 나누면 반이 된다'는 말이 요즘은 '기쁨은 나누면 질투를 받고 슬픔은 나누면 흠이 잡힌다'는 말로 바뀌었다지요. 아이를 키우다 보면 마음이 맞는 엄마에게 속 얘기를 털어놓고 싶은 날이 있어요. 학교나 학원 문제 또는 개인적인 문제이기도 하고요. 그런데 종종 예상치 못한 일이 벌어진다고 합니다. 나름 친하다는 생각에 용기 내어 자식 고민을 털어놓았는데, 그 후 상대방이 멀리하는 듯한 느낌을 받았다네요. 자기 아이를 문제아로 본 것 같답니다.

자식에 대해서는 자랑도 하지 말고, 흠도 보지 않는 게 최선입니다. 입장을 바꿔 생각해보면 바로 답이 나오지요. 내 자식이 뭘 잘한다고 하면 동갑 아이를 키우는 입장에서 부럽지 않겠습니까? 만일 내 아이 하는 짓이 엄마 입장에서 고민스럽다 해도, 대부분 그 또래의 다른 아이들도 갖고 있는 문제입니다. 정말로 심각하면 그때는 전문상담사를 찾는 것이 낫습니다. 내 자식 흠을 나서서 알리지는 마세요.

오늘의 한 문장···

I need someone that I can get some advice from.
조언을 얻을 수 있는 사람이 필요하다.

A hug is not just holding someone closely.

A friendly hug has the power to fill your soul with happiness.

A hug is the best thing that can happen to you on a bad day.

It has the power to brighten the day and lift up your spirits.

You don't have to say a word; just a hug!

포옹은 단지 누군가를 꼭 끌어안는 동작이 아니다.
다정한 포옹은 영혼을 행복으로 채워주는 힘이 있다.
포옹은 힘든 날 할 수 있는 제일 좋은 것이다.
그날을 환하게 해주고 기분을 전환시켜준다.
말을 할 필요가 없다. 그냥 안아주어라!

 •••이것만은 기억해요

hug 포옹, 포옹하다 | **hold** ~를 안다 | **closely** 가까이 | **friendly** 다정한 | **fill [A] with [B]** A를 B로 채우다 | **soul** 영혼 | **on a bad day** 힘든 날에 | **brighten** ~를 밝게 하다 | **lift up** ~ 를 들어올리다, 고양시키다 | **spirit** 기운, 기분 | **don't have to [동사]** ~할 필요가 없다

하나하나 캐묻지 말고, 그냥 안아주세요

갑작스럽게 소나기가 쏟아져 우왕좌왕하는 중에 횡단보도 앞에 서 있는데 한 운전자가 창을 열어 길을 묻더군요.

"직진하다가 첫 사거리에서 좌회전하세요."

그러면서 제가 손짓으로는 오른쪽으로 꺾는 시늉을 한 모양이에요. 운전자가 "우회전이오?" 하고 되묻는데 우회전이 맞았어요. 때로는 몸으로 전하는 의미가 말보다 강력한 증거죠.

저는 비교적 언변이 좋은 편인데도 종종 말이 나오지 않을 때가 있어요. 힘들어하는 상대방을 위로하고 싶은데 적당한 말이 떠오르지 않을 때 그렇습니다. 틀에 박힌 위로의 말이나 으레 달래는 말은 안 하느니만 못하다는 생각이 들어, 그럴 때는 그냥 상대를 안아줍니다. 자식 일도 그래요. 아이는 자라면서 수없이 좌절하고 울게 되는데, 그때마다 하나하나 캐묻고 일일이 원인을 따지고 해결책을 찾으려 하면 아이는 더 이상 속마음을 열지 않습니다. 아이가 좌절하면 그냥 안아주세요. 때로는 말보다 몸짓이 더 진심을 보여줍니다. 오늘은 다정한 포옹이 나와 상대방에게 어떤 힘을 주는지 영어로 표현해볼까요?

오늘의 한 문장 • • •

A friendly hug has the power to fill your soul with happiness.
다정한 포옹은 영혼을 행복으로 채워주는 힘이 있다.

Do you want to know how to fail in your life?

First, complain about everything around you.

Second, blame others when things go wrong

and then never be grateful for what you get.

Go find your problem and fix it so that you don't fail.

인생에서 실패하는 법을 알고 싶은가?
우선, 주변의 모든 것에 불평하라.
둘째, 일이 잘못되면 남 탓을 하라.
그리고 얻은 것에 대해 절대 고마워하지 마라.
그러니 실패하지 않도록 어서 문제점을 찾아 고쳐라.

 • • • 이것만은 기억해요

how to [동사] ~하는 방법 | **fail** 실패하다 | **complain about** ~에 대해 불평하다 | **blame [A]**
A를 탓하다 | **go wrong** 잘못되다 | **grateful** 감사한 | **what you get** 가진 것, 얻은 것 | **fix** ~
를 고치다 | **so that** ~하기 위하여

인간관계에서 실패하는 세 가지 방법

예전에는 꽤 어울렸는데 지금은 만나지 않는 사람들이 있습니다. 첫째, 매사에 불평하는 사람들. 늘 투덜대고 부정적이며 항상 자기 주변 사람들에 대해 나쁘게 말하곤 했어요. 둘째, 힘껏 도와줬는데 고마움을 모르는 사람들. 자기 혼자 힘으로 해낸 듯 제 도움에 대해선 언급조차 하지 않으니 내심 섭섭하더군요. 셋째, 자기가 잘못해놓고 인정하지 않는 사람들입니다. 명백하게 잘못을 해놓고 남 탓을 하는 경우죠.

시간이 지나 소식을 들으니 늘 불평했던 사람은 직장생활을 오래 못 했고, 고마움을 모르던 사람은 주변 사람들이 다 떠났으며, 사과를 모르던 사람은 아직도 제 잘난 맛에 혼자 떠든다더군요. 개인적인 경험에서 나온 얘기지만 결국 인간관계에서 실패하는 법은 이 세 가지가 아닌가 합니다. 매사 투덜대라, 남 탓을 해라, 그리고 고마워하지 마라. 주위 사람들 때문에 마음이 유난히 힘든 날, 왼쪽 페이지의 영어 격언을 차분히 읽어보세요.

오늘의 한 문장···

Go find your problem and fix it so that you don't fail.
실패하지 않도록 어서 문제점을 찾아 고쳐라.

A group of my friends will meet today at a fancy restaurant.

I've left a message on the group text that I can't make it.

I feel that I am gradually drifting away from them.

Some of them make me feel small.

I know it's all because of my low self-esteem.

오늘 화려한 식당에서 친구 모임이 있다.
나는 단체 톡방에 가지 못한다고 메시지를 남겼다.
친구들로부터 점점 멀어지는 것 같다.
어떤 친구들은 나로 하여금 초라한 기분이 들게 한다.
내 자존감이 낮아서 그렇다는 걸 잘 안다.

 ···이것만은 기억해요

fancy 멋진 | **leave** ~를 남기다(과거형 left) | **leave a message** 메시지를 남기다 | **group text** 단체 톡 | **make it** 해내다, 가다 | **gradually** 점점 | **drift away from** ~로부터 멀어지다 | **feel small** 초라하게 느끼다 | **low** 낮은 | **self-esteem** 자존감

세상과 단절하지 마세요

자기가 유난히 한심해 보이는 날이 있어요. 언제겠습니까, 누군가와 자기를 비교한 날이지요. 멋진 상대에게 훌륭하다고 주저없이 시원하게 말하면 그만인 걸, 멋지다고 칭찬해주고 돌아서면 그만인 걸, 헤어지고 난 후 왜 이리 자신이 더 초라하게 느껴지는지 자존감이 연신 바닥을 치네요. 이게 반복되면 그 사람과의 만남을 피하게 됩니다. 비교귀신! 이 귀신은 특히 모임에 다녀온 날 더 위세를 떨쳐요.

생각해보면 모임에 나오는 사람은 자신의 '최고 버전'을 완벽하게 갖춰서 나옵니다. 우리도 그렇잖아요. 기왕이면 티 나지 않게 은근히, 하지만 확실하게 드러내고 싶다고요. 그 사람들도 돌아가 자기 집 문 열고 들어가면 똑같습니다. 그들도 자식이 남긴 찌꺼기 먹고 음식 쓰레기 버리고 남편과 신경전을 벌이는 사람들이에요. 사는 거 다 거기서 거기랍니다. 그러니 모임에 나가세요, 세상과 단절하지 마세요. 다음에 그 사람 만나면 쿨하게 아주 큰 소리로 말합시다.
"어쩌면 그렇게 멋져? 배우해도 될 걸 그랬어."

오늘의 한 문장···

Some of them make me feel small.
어떤 친구들은 나로 하여금 초라한 기분이 들게 한다.

My terrible habit is overthinking.

My mind keeps repeating the same thing over and over.

Sometimes I find myself replaying bad memories

and I create the worst scenario for the future.

It's like I am going around in a loop of thinking.

나의 나쁜 버릇은 생각이 지나치게 많다는 것이다.

같은 것에 대해 마음속으로 계속 되뇐다.

어떨 때는 나쁜 기억을 되풀이하는 나를 본다.

그러고는 미래에 대한 최악의 시나리오를 상상한다.

생각의 늪에 빠져 계속해서 돌고 있는 것 같다.

 • • • 이것만은 기억해요

terrible 끔찍한 | **habit** 버릇 | **overthinking** 지나친 생각 | **repeat** ~를 반복하다 | **same** 같은 | **over and over** 반복해서 | **replay** ~를 반복하다 | **bad memories** 나쁜 기억 | **create** ~를 만들다 | **the worst scenario** 최악의 시나리오(상황) | **it's like (that)** 마치 ~인 것과 같다 | **go around in** ~ 안에서 돌다 | **loop** 고리

서랍 정리도, 산책도 큰 도움이 됩니다

저는 결정을 내리는 데 있어 빠른 편입니다. 그래서 오래 고민하다 시작을 잘 못하는 사람들에게 추진력이 좋다거나, 결정력이 있다는 말을 듣곤 하죠. 문제는 실수가 많다는 점입니다. 그런데 이렇게 빠른 저도 종종 '생각의 늪'에 빠지곤 한답니다. 몇 날 며칠을 고민해도 해결은커녕 계속 매달려, 어떨 때는 고민에 마취된 게 아닌가 싶기도 해요. 이럴 때 저는 일부러 다른 일거리를 찾습니다. 서랍 정리를 하거나, 밑반찬을 잔뜩 만들거나, 산책을 오래합니다.

어떤 철학자들과 일부 과학자들은 마음챙김mindfulness이라고 해서 호흡을 통해 잡념을 끊으라고 해요. 뇌를 쉬게 하는 것인데, 명상meditation이라 부르지 않는 걸로 보아 종교인들이 하는 정신수련 수준은 아닌가 봅니다. 생각을 끊으면 새로운 시야를 갖게 되고 이전 문제의 실마리가 보인다고요. 생각은 지난 일을 후회하고 앞일을 계획하기 위해 하는 것입니다. 그런데 지나치게 생각이 많으면 생각이 없는 것만 못해요.

어떠세요? 혹시 지금 고민에 마취된 것 같으면 좋아하는 취향의 드라마 전편을 보거나 웹툰을 내리읽으시는 건?

오늘의 한 문장···

My terrible habit is overthinking.
나의 나쁜 버릇은 생각이 지나치게 많다는 것이다.

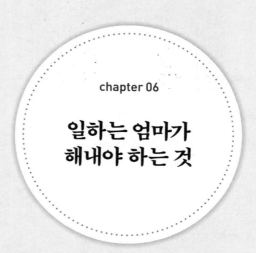

chapter 06

일하는 엄마가
해내야 하는 것

I don't think that I have to be perfect all the time.

I've realized what I do will never be enough.

Yes, I am not a superwoman and I don't want to be.

I am not going to act strong when I'm down and out.

I am going to reach out and ask for help.

항상 완벽할 필요는 없다고 난 생각해.
내가 한 일은 절대 기대에 못 미칠 거란 걸 깨달았지.
맞아, 난 슈퍼우먼도 아니고, 되고 싶지도 않아.
지치고 힘들 때 강한 척할 생각도 없어.
나서서 도와달라고 할 거야.

 ···이것만은 기억해요

don't think (that) [문장] ~가 아니라고 생각한다 | **have to be** ~이어야 한다 | **perfect** 완벽한 | **all the time** 항상 | **what I do** 내가 한 것(행동) | **be enough** 충분하다 | **superwoman** 슈퍼우먼 | **act strong** 강한 척 연기하다 | **down and out** 지친, 힘든 | **reach out** (누구에게) 연락을 하다 | **ask for** ~를 청하다

억지 슈퍼우먼?

요즘 주부들은 그야말로 만능 재주꾼이에요. 육아는 기본이고, 돈 관리도 야무지게 하고, 요리와 살림도 탄성이 나올 만큼 잘해요. 그러면서 자기계발에도 열심인 사람들을 볼 때면 감탄이 절로 나옵니다. 그런데 한편으론 궁금하기도 해요. 과연 기꺼이 그리 사는 것인지, 혹시 타인의 기대에 부응하기 위해 버거워도 무작정 감내하고 있는 건 아닌지?

저도 한때 그런 적이 있었거든요. 학교 일도, 집안일도, 육아도 다 잘해야 하는 줄 알았어요. 그러던 어느 날 모처럼 놀러오시는 부모님 맞이하느라 청소를 하는데 서랍 속까지 정리하면서 문득 의문이 들었어요. '왜 이렇게까지 해야 하지? 부모님은 내 살림에 아무 관심 없고 오로지 손자를 보러 오시는데?' 하나부터 열까지 다 잘하는 흠 없는 사람, 인조인간이나 가능할 법한 이미지병에 걸렸던 겁니다.

차츰 마음을 바꿔 먹었습니다. 완벽해 보이려 애쓰지 마세요. 힘들면 힘들다 말하고, 하기 싫으면 하지 마세요. 억지 슈퍼우먼? 에이, 그거 별로예요.

오늘의 한 문장···

I am not going to act strong when I'm down and out.
지치고 힘들 때 강한 척하지 않을 거야.

My daughter was sick and asked me not to go to work.

I am working on an important task, so I can't take a day off.

I asked my mother-in-law to take care of her.

Every hour she calls to ask me something.

Being anxious, I really cannot focus on work.

아이가 아프다며 내게 회사에 가지 말라고 했다.
중요한 업무가 있어서 휴가를 낼 수가 없다.
시어머니에게 아이를 봐달라고 부탁했다.
어머니께 한 시간마다 무언가를 묻는 전화가 온다.
불안해서 일에 집중을 할 수가 없다.

 •••이것만은 기억해요

sick 아픈 | **go to work** 출근하다 | **work on** ~을 작업하다 | **important** 중요한 | **task** 과업, 과제 | **take a day off** 하루 휴가를 내다 | **mother-in-law** 시어머니, 장모 | **take care of** ~를 돌보다 | **every hour** 한 시간마다 | **call to [동사]** ~하려고 전화하다 | **anxious** 불안한, 초조한 | **focus on** ~에 집중하다

울음이 왈칵 터질 것 같은 날

직장생활을 하며 아이를 키운다는 건 어떤 일이 일어날지 모르는 '만약'과 매일 싸운다는 의미입니다. 아이 봐주는 사람이 못 오면 어쩌나, 어린이집이나 유치원에 못 가는 상황이 생기면 어쩌나 하는 '만약'이 늘 걱정입니다. 수도 없이 고비가 와요. 그럼 지금 당장이라도 직장을 그만둬야 할지 엄마는 고민에 빠지죠. 아이가 크게 아프기라도 하면 정말 눈앞이 깜깜하게 난감해요. 아픈 아이는 안아달라고 품에 매달리는데, 그런 아이를 떼어내고 돌아서 문을 닫을 때의 심정이란⋯⋯.

그렇게 출근한 날, 일이 손에 잡힐 리 없지요. 잠깐 시간을 내서 집에 전화를 걸었더니 전화 너머로 아이 울음소리가 들립니다. 엄마 마음은 또 한 번 무너지고 말죠. "힘내세요." "응원합니다." 이런 말조차 크게 도움이 되지 않아요. 누가 건드리면 아이보다 더 큰 울음이 툭 터질 것만 같은 그런 날. 그러나 모래알처럼 많은 날 중에서 단 며칠입니다. 그런 날이 더러 끼어들며 달력이 넘어가고 아이는 점점 덜 아프고 엄마 마음도 조금씩 단단해지거든요. "시간아, 어서 가라!" 외치고 싶을 만큼, 모든 게 결국 시간과의 싸움입니다.

오늘의 한 문장•••

Being anxious, I really cannot focus on work.
불안해서 일에 집중할 수가 없다.

I couldn't go home from work right away.

I asked my mom to pick up my son from his daycare.

Being a working mom doesn't excuse me

from all the motherly duties.

How can other working moms reach an ideal work-life balance?

Job or kids? I wonder if I should keep working.

당장 퇴근을 할 수가 없었다.
엄마에게 아이를 어린이집에서 데려와달라고 부탁했다.
워킹맘이라고 엄마가 해야 하는 의무가 면제되지는 않는다.
다른 워킹맘들은 이상적인 워라밸을 어떻게 이루어가는 걸까?
일인가 아이인가? 직장을 계속 다녀야 하는 건지 모르겠다.

 ···이것만은 기억해요

right away 즉시 | **pick up** ~를 데리러 가다 | **daycare** 어린이집 | **excuse [A] from [B]** A를 B로부터 면해주다, 빼다 | **motherly duties** 엄마로서 해야 할 일 | **reach** ~에 도달하다 | **ideal** 이상적인 | **work-life balance** 워라밸, 직장과 일상의 균형 | **keep working** 계속 일하다

워라밸? 먹는 건가요?

"참 이상해요. 정시 퇴근하려고 하는 날에는 왜 항상 급한 업무가 생기는 걸까요? 상사는 왜 꼭 육아 부담이 없는 사람인 걸까요? 왜 우리 아이는 여태 엄마 껌딱지일까요? 정말 울고 싶습니다. 저한테 워라밸은 달나라 얘기일 뿐이에요."

일하는 엄마의 흔한 하소연입니다. 어지간한 일에는 일희일비하지 않겠다고 매일 다짐하지만 그게 어디 쉽나요. 아이 잘 키우는 게 우선이라 생각해 승진이 늦어도 개의치 않겠다고 생각해도, 한편으로는 아이가 어서 자라 엄마 손을 안 탔으면 하는 마음도 들 겁니다.

직장일에 치여 아이에게 소홀하게 될 때마다 아프고 시린 마음은 더 커지죠. 요즘 사람들은 워라밸work-life balance을 중시한다는데 워킹맘들한테는 그저 그림의 떡입니다. 할 수 없어요. 마음을 빼서 잠시 차갑게 얼려놓는 수밖에. 어떡하겠어요? 그대는 지금 전쟁을 치르고 있어요. 전쟁이면 이겨야죠. 판에 박힌 소리지만, 힘내세요. 그리고 이겨내세요! 육아와 직장, 양쪽 다 놓지만 않으면 이기는 겁니다.

오늘의 한 문장•••

I couldn't go home from work right away.
나는 당장 **퇴근**을 할 수가 없었다.

There was a parent event at my son's school,

but I couldn't take time off from work to attend it.

I feel bad for him, thinking he had to be there alone.

He must have been bitterly disappointed.

He said it was okay, but I feel like I am a terrible mom.

아이 학교에서 학부모 참여 행사가 있었다.
하지만 참석하기 위해 휴가를 내지는 못했다.
혼자였을 아이를 생각하니 마음이 아프다.
아이가 분명 몹시 실망했겠지.
괜찮다고 했지만 내가 불량엄마라는 생각이 든다.

 • • •이것만은 기억해요

parent event 학부모 행사 | **take time off from work** 휴가를 내다 | **attend** ~에 참석하다 |
feel bad 속상하다 | **alone** 혼자 | **must have [과거분사]** ~했었음에 틀림없다 | **bitterly** 몹시
| **disappointed** 실망한 | **terrible** 형편없는 | **feel like [문장]** ~인 것 같다
＊feel like [명사, 동명사]이지만 형식을 갖춘 문서 외에는 feel like [문장]도 많이 사용함.

아이 학교 행사에 가지 못한 날

모두 다 자기가 불량엄마, 부족한 엄마라고들 말하죠. 시간에 쫓기는 워킹맘들은 그런 생각을 더 많이 하게 됩니다. 아이를 대하는 마음에 완벽은 없어요. '이 정도면 됐지'라고 하다가도 '아니야, 아직 한참 부족한 엄마야'라는 생각이 마음을 흔듭니다. 아이 학교에서 행사가 있는 날이면 워킹맘은 여지없이 불량엄마라는 자괴감이 들어요. 그럴 때마다 매번 휴가를 낼 수는 없으니까요. 오랫동안 준비한 모습을 보아줄 엄마, 자기 역할을 마치고 달려가 품에 안길 엄마가 없어 속상해할 아이를 생각하면 눈물이 날 지경이지요.

저는 하나뿐인 제 아이 초등학교 입학식에도 못 갔어요. 스스로 불량엄마임을 인정하고 아이에게 미안한 마음을 충분히 표현했지만, 마음이 아픈 건 쉬이 가라앉지 않더군요. 하지만 우리 아이에게는 엄마란 우리 하나예요. 안타깝게도 시간이 모자랄 뿐, 마음을 온통 아이에게 쏟아붓고 있는 우리는 사실 이미 좋은 엄마입니다. 그런데 더 좋은 엄마가 되려고 하다 보니 늘 모자란다고 생각하게 되는 거지요. 충분히 좋은 엄마로 살아가고 있는 우리, 괜찮다고 잘하고 있다고 서로 위로해줍시다.

오늘의 한 문장•••

He must have been bitterly disappointed.
아이가 분명 몹시 실망했겠지.

After work, I want to let go of stress from the day.

The reality is that the second round of work begins at home.

It means I have another war with my kids.

There are many things to do before I can catch a breath.

Sometimes, working in the office feels better.

퇴근 후에는 그날의 스트레스를 날려버리고 싶다.

하지만 현실은 두 번째 직무 한판이 집에서 시작된다.

아이들과의 또 다른 전쟁이라는 뜻.

한숨 돌리기도 전에 해야 할 일들이 많다.

가끔은 회사일이 낫다는 생각이 들기도 한다.

 •••이것만은 기억해요

after work 퇴근 후 | **let go of** ~를 놓다 | **the reality is that** 현실은 ~하다 | **round** 회차, 판 | **mean** ~을 의미하다 | **another** 다른, 또 하나의 | **war** 전쟁 | **things to do** 해야 할 일 | **catch a breath** 숨을 돌리다 | **sometimes** 때로 | **office** 사무실

사는 건지 살아내는 건지, 숨가쁜 나날

제가 운영하는 교육 프로그램의 주요 대상은 엄마들이에요. 그중에서도 반 정도는 직장생활을 하며 육아를 하는 워킹맘들인데, 얘기를 나눠 보면 참으로 애환이 많습니다. 고된 업무를 마치고 퇴근해도 집안일과 육아가 기다리고 있으니 어떨 때는 집으로 다시 출근한 것 같다고 합니다. 퇴근해서 아이의 하루가 어땠는지 물으면서 하루의 피로를 풀려던 계획은 어느새 걱정으로 바뀌기 일쑤이고, 걱정하다 보면 밤을 새는 날이 부지기수입니다.

답도 없는 고민을 안고 아침에 다시 출근하려니 사는 게 아니라 살아내는 기분이랍니다. 저도 어떻게 그 세월을 넘겼는지 모르겠어요. 매일 뛰어다니느라 숨가빴던 기억이 선명합니다. 아이를 학교에 내려주고는 다시 근무하는 학교로 가서 학생들 가르치고, 오는 길에 반찬거리를 사서 뚝딱뚝딱 준비해 아이를 먹이는 정신없는 매일의 반복이었죠. 피아노나 운동 등 방과 후 활동이라도 있는 날에는 더 정신이 없었어요. 산 것이 아니라 살아낸 기분이라는 그 말뜻, 엄마라서 너무 잘 압니다.

오늘의 한 문장・・・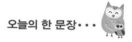

After work, I want to let go of stress from the day.
퇴근 후에는 그날의 스트레스를 날려버리고 싶다.

I didn't get a promotion this time again.

I've been at my job for ten years.

I feel that someone is holding me down.

Well, I'll stick it out and try again next year.

When something is gone, something better is coming.

난 이번에도 승진을 하지 못했다.
이 회사에 근무한 지 10년째다.
누가 나를 잡아내리고 있는 느낌이다.
뭐, 버티다가 내년에 다시 도전해야겠다.
뭔가를 놓치고 나면 더 좋은 게 오는 법.

 • • • 이것만은 기억해요

get a promotion 승진하다 | **this time** 이번에 | **be at one's job** 일하다, 근무하다 | **hold down** ~을 붙잡아 내리다 | **stick out** ~을 끝까지 계속하다 | **next year** 내년 | **something** 무언가, 어떤 것 | **be gone** 잃다, 가다 | **better** 더 나은

다 오르면 내려와야죠

직장에 다니는 사람들에게 승진은 끊임없는 관심사죠. 겉으로는 태연한 척하지만 해가 바뀔 때마다 내가 이번 승진 대상자인지 아닌지 촉을 세우게 됩니다. 한편으론 나보다 먼저 승진하는 라이벌이나 동료 때문에 속이 상하기도 하고요. 학창 시절, 별로 열심히 공부하지 않는 애가 나보다 좋은 성적을 받아 허탈했던 기분을 직장에서도 느낀다고나 할까요?

그러고 보면 삶은 사다리 오르기의 연속인가 봅니다. 늘 선발당하기 위해 애써야 하고, 본의 아니게 타인과 비교당해 위치가 정해지는 일이 많으니까요. 그런데 사다리는 다 오르면 내려와야 해요. 그래서 높이 오르면 오를수록 그 위에서 버티느라 힘이 듭니다. 승진이 안 돼 섭섭하세요? 책임 많은 위치에 오른 사람이 더 많이 일하지 않겠습니까? 그대를 힘들게 하는 저 상사분, 그대보다 먼저 퇴사하실 분입니다. 언짢은 마음 홀홀 털어버리세요.

오늘의 한 문장•••

I'll stick it out and try again next year.
버티다가 내년에 다시 도전해야겠다.

Wow, I made it! I got a promotion this year!

It took me years to come this far.

I've done my best even though no one gives me credit.

When my co-worker got promoted last year,

I tried really hard to keep calm under stress.

Today, I feel that I've almost reached my goal.

와, 해냈어! 나, 올해 승진했다!
여기까지 오는 데 몇 년이 걸렸다.
누가 나를 인정해주지 않아도 최선을 다했지.
동료가 작년에 승진했을 때,
스트레스 받았지만 평정을 유지하려고 무척 애썼지.
오늘은 내 목표를 거의 이룬 것 같은 기분이 든다.

 • • • 이것만은 기억해요

make it 해내다 | **take years** 몇 년이 걸리다 | **come this far** 이만큼 성과를 내다 | **do one's best** 최선을 다하다 | **even though** 비록 ~일지라도 | **give ~ credit** ~을 인정하다 | **co-worker** 동료 | **get promoted** 승진하다(=get a promotion) | **keep calm** 침착함을 유지 하다 | **under stress** 스트레스 받으며 | **reach** ~에 이르다 | **goal** 목표

당신의 오늘을 축하합니다

무언가를 끊임없이 해내고 싶은 욕구 덕에 인간은 진화하고 발전하나 봅니다. 학교에서는 성적으로 보여주고 싶고, 사회에서는 성과로 인정받고 싶은 욕구가 그것이지요. 얼마 전에 만난 여성은 넓은 아파트를 샀는데 그 얘기를 장편소설이나 되는 듯 펼쳐놓더군요. 그렇게 고생하고 열심히 일한 사람이 뭔가 이루는 건 좋습니다. 그런데 간혹 납득이 안 되는 일은 별로 일을 열심히 하지 않는 직원, 이른바 남이 차려놓은 밥상에 숟가락만 얹는 사람들이 똑같이 매달 월급을 받는다는 거예요.

더 이상한 건 열심히 일하는 사람을 제치고 승진을 한 경우도 봤어요. 그것도 능력의 하나겠지요? 일 안 하고 승진하는 초능력? 그런 얄미운 사람에 대한 얘기 말고, 열심히 일해 승진한 사람 얘기를 해봅시다. 묵묵히 맡은 바 업무에 집중하여 빛나는 성과를 이뤄낸 그대, 온 마음을 담아 축하합니다! 오늘은 승진의 기쁨을 만끽하는 표현을 영어로도 해볼까요?

오늘의 한 문장•••

I got a promotion this year!
나, 올해 승진했다!

I'm so tired from having back-to-back meetings all day.

I often work late and go back home while my kids sleep.

I will be on the road for a few days next week.

Sometimes I wonder if I should stop working.

I wish I could leave work on time today!

하루 종일 이어진 미팅으로 너무 피곤하다.
난 야근을 자주 해서 아이들이 잘 때 귀가한다.
다음 주에는 며칠 동안 출장이 잡혀 있다.
가끔 회사를 그만둬야 하나 고민이다.
오늘은 정시에 퇴근할 수 있으면 좋으련만!

 • • • 이것만은 기억해요

be tired from ~를 해서 피곤하다 | **back-to-back** 연이어 | **meeting** 회의 | **work late** 시간
외 근무하다 | **be on the road** 이동 중이다, 출장 중이다 | **a few days** 며칠 | **sometimes** 가
끔 | **stop ~ing** ~을 그만두다 | **I wish I could** 내가 ~할 수 있으면 좋겠다 | **leave work** 퇴근
하다 | **on time** 제시간에

지금 그곳이 당신의 자리

우리 아이만 자주 아픈 것 같고, 학습지는 갈수록 밀리고, 책 읽기도 싫어하고, 편식하는 메뉴는 갈수록 많아지고……. 이런 문제들 때문에 '일을 그만두고 아이를 전적으로 돌봐야 하나' 수시로 고민하고 있나요? 예쁘고 사랑스러워 천천히 자랐으면 좋겠다 싶다가도, 이런 순간들이 닥치면 시간이 빨리 지나 아이가 훌쩍 크기를 바라진 않나요? 엄마가 집에 있으면 아이를 완벽하게 잘 관리할 수 있을 것 같지만, 이런 고민은 전업맘도 똑같이 합니다. 아이가 자라 제 앞가림을 할 때까지 지속되는, 똑같은 고민이에요. 그런데 일하면서 육아하면 모든 것이 엄마 탓인 것만 같습니다.

그러나 그대가 지금 있는 그곳, 거기가 당신의 자리입니다. 이 고비를 넘기면 아이가 조금씩 자기 앞가림을 해요. 그만두었다가 아이가 크면 다시 직장을 찾는 건 정말 쉽지 않습니다. 그때는 경력 단절이라는 불리한 입장에서 모든 것을 다시 시작해야 해요. 힘든 마음 백번 천번 이해합니다만, 조금만 더 버텨보세요. 게다가 활력제가 있잖아요. 매달 꼬박꼬박 들어오는 월급!

오늘의 한 문장···

Sometimes I wonder if I should stop working.
가끔 회사를 그만둬야 하나 고민이다.

I had to quit my job to take care of my children.

For the first few months it felt nice,

but slowly, depression and a low mood started.

Things didn't go in the way that I thought they would,

but I will have to manage because I won't go back to work.

아이들을 돌보기 위해 일을 그만두었다.
처음 몇 달 동안은 좋았다.
그러나 천천히 우울과 무력감이 시작됐다.
생각한 대로 일이 돌아가는 게 아니었다.
그러나 다시 직장생활을 하지는 않을 테니 이겨내야 하리라.

 • • • 이것만은 기억해요

quit ~을 그만두다 | take care of ~을 돌보다 | slowly 천천히 | depression 우울 | low
mood 무기력 | things go (어떤) 일이 진행되다 | in the way that ~ ~인 방식으로 | manage
처리하다, 해내다 | go back to work 다시 일하다, 복직하다

그때는 그 선택이 옳았다

일하는 엄마는 항상 고민이에요. 직장을 그만두고 아이를 전적으로 돌봐야 할지, 조금 힘들어도 일하는 엄마로 살아가야 할지. 첫 번째 고비는 대개 아이가 초등학교 입학을 앞두었을 때, 두 번째는 자녀가 배우는 과목이 어려워지는 초등 고학년 즈음에 옵니다. 중학교 진학을 위해 관심을 더 많이 두어야 하기 때문이지요. 그래서 퇴사를 하면 경력이 사라지는 아쉬움도 있지만, 더 이상 분초를 다투어가며 팍팍하게 살지 않아도 되는 여유가 생겨 좋습니다.

그런데 얼마 지나지 않아 생각했던 것과 다른 일상이 펼쳐집니다. 바쁘고 힘들기로는 직장생활을 할 때 못지않은데 경제적으로 쪼들리고, 아이에게 내가 큰 도움이 되지 않는 것 같다는 생각이 들며 과연 퇴사 결정이 옳았는지 의구심이 들고 살짝 우울하기까지 해요.

하지만 제가 감히 말하건대, 잘못된 결정이 아닙니다. 그때는 그래야 했기에 그 선택을 한 것이고, 그게 최선이었습니다. 지금의 그대가 내린 결정이 아니고, 그때의 그대가 내린 결정이니까요.

그러니 잘하셨습니다. 그때는 그게 옳았던 거예요.

오늘의 한 문장···

But slowly, depression and a low mood started.
그러나 천천히 우울과 무력감이 시작됐다.

"Don't worry dad. We've got your back!"

"We love playing the most. Come out, friends!"

These are song lyrics of the children's TV shows.

When my kids sing, I smile even when I'm not feeling well.

I have listened so often that I have memorized them.

"아빠, 힘내세요. 우리가 있잖아요."
"노는 게 제일 좋아. 친구들아, 모여라."
아이들 프로그램에 나오는 노래 가사다.
아이들이 노래를 부르면 몸이 안 좋을 때에도 웃게 된다.
하도 자주 들어서 노래를 외울 지경이다.

 ᐧᐧᐧ이것만은 기억해요

worry 걱정하다 | **get one's back** 뒷받침하다, 후원하다 | **the most** 가장, 최고로 | **lyrics** 가사, 노랫말 | **TV shows** TV 프로 | **feel well** 몸이 좋다, 건강하다 | **often** 자주 | **so [부사] that [문장]** 너무 ~해서 ~하다 | **memorize** ~를 외우다

회식 자리에서 부른 〈뽀로로〉 주제가

어떤 워킹맘이 회식에서 동요를 불렀답니다. 퇴근해서 매일 아이들과 노래를 듣고 율동하며 놀다 보니 아는 게 동요밖에 없었던 거죠. 아무리 대단한 히트곡이 나온들, 여유 있게 찾아 들을 틈이 있습니까? 아이들 동요가 그 시절엔 엄마의 애창곡입니다. 그나저나 아이들과 함께 노래하고 율동하는 건 참으로 좋은 교육 방법이에요. 노래는 단기기억, 좀더 전문적으로 말하면 작업기억working memory을 촉발시켜 장기기억이 되게 하는 효과가 있거든요. 노래 가사에 나오는 단어를 익히는 과정에서 어휘도 저절로 풍부해져요.

그리고 이런 방법은 영어 습득에도 그대로 적용됩니다. 영어 노래를 듣고 따라 하면서 들어서 알고 말로 하는 어휘oral vocabulary를 배우게 되거든요. 그러니 영어교육에 관심 있으시면 유튜브에서 영어 전래동요인 〈Mother Goose Rhymes〉나 영어 창작동요인 〈Super Simple Songs〉를 많이 들려주세요. 이런, 회식 얘기하다 어느새 영어 얘기로 샜네요? (제 본업이 영어 선생이니까요!)

오늘의 한 문장···

When my kids sing, I smile even when I'm not feeling well.
아이들이 노래를 부르면 몸이 안 좋을 때에도 웃게 된다.

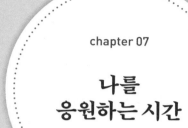

chapter 07

나를
응원하는 시간

I am grateful for my husband who takes good care of our family,

but I don't want to be too dependent on him for every little thing.

That is why I keep working while raising two kids.

Being a career woman makes me feel important

because I can spend money without budget stress.

가족을 잘 보살피는 남편에 대해 감사한 마음이 든다.
하지만 사소한 모든 것을 남편에게 지나치게 의존하고 싶지는 않다.
그 점이 아이 둘을 키우면서도 직장을 다니는 이유이다.
직장인이라는 점은 내게 힘이 있는 듯한 기분이 들게 한다,
예산 걱정 없이 돈을 쓸 수 있기 때문이다.

 • • • 이것만은 기억해요

be grateful for ~에 감사하다 | **take care of** ~를 보살피다 | **be dependent on** ~에게 의존적인 | **That is why ~** 그것이 바로 ~인 이유이다 | **career** 경력, 직업 | **make [A] feel important** 영향력 있는 기분이 들다, 중요한 사람이란 기분이 든다 | **spend money** 돈을 쓰다 | **budget** 예산, 가계지출

독수리 날개 위의 개미

"독수리 날개 위의 개미로구먼."

한 고위직 인사의 부인이 백화점에서 점원에게 이른바 갑질을 했다는 뉴스를 보며 제 어머니가 하신 말씀입니다. 여자는 시집만 잘 가면 된다는 생각이 만연한 때 여성들은 남편의 위치로 자신을 규정했습니다. 독수리 날개 위에 올라탄 개미는 그런 사람을 말합니다. 독수리가 날 때 자기가 나는 줄 아는 개미들. 이들은 독수리의 날갯짓 한 번이면 곤두박질할 운명인 줄도 모른 채 오만합니다. 남편이 직위를 잃거나 심한 경우 이혼을 하면 어떻게 되는 걸까요?

남의 지위에 올라탄 채 자신이 성공한 줄 안다면 오산입니다. 참새든 날파리든 스스로 뜰 수 있는 날개를 가져야 합니다. 이솝우화 같은 이야기지만 현실적으로 말하면 여성의 사회적 위치에 관한 이슈 아니겠어요? 예나 지금이나 여성은 직업을 갖기 어려우니 일부 여성들, 특히 옛날 사람들은 남편의 지위를 갖고 자신이 세도를 부릴 수 있다고 생각하는지도 모릅니다. "우리 남편이 ○○예요!" 하던 여성이 떠오르네요. 요즘 그렇게 행동하면 그야말로 꼴불견, 독수리 날개 위의 개미일 뿐입니다.

오늘의 한 문장・・・

I don't want to be too dependent on him for every little thing.
사소한 모든 것을 남편에게 지나치게 의존하고 싶지는 않다.

Korea used to be a country

where the culture favored sons over daughters.

Many women felt the pressure of that deeply rooted custom.

However, Korean families have become less desirous of sons.

I think it is a natural change in a modern society.

한국은 딸보다 아들을 선호하는 문화가 있는 나라였다.

많은 여성들이 뿌리 깊은 그 관습에 압박을 느꼈었다.

그러나 이제 한국의 가정들은 아들을 (예전보다) 덜 바란다.

현대 사회에서 당연한 변화라고 생각한다.

 • • • 이것만은 기억해요

used to be (과거에) ~였다 | **country** 국가 | **culture** 문화 | **favor [A] over [B]** B보다 A를 선호하다 | **pressure** 압력, 압박 | **deeply** 깊이 | **rooted** 뿌리 깊은 | **custom** 관습 | **less [형용사]** 덜 ~한 | **desirous of** ~를 바라는 | **natural** 당연한, 자연스러운 | **change** 변화 | **modern** 현대의 | **society** 사회

딸의 딸, 또 그 딸들에게

저는 남아선호가 없는 가정에서 자랐습니다. 남자 형제 사이 유일한 딸로 유별난 대접을 받은 건 아니지만 여자라고 다르게 행동하라 종용받지도 않았어요. 여중, 여고 때 늘 리더를 맡아 꽤나 시끄럽고 즐거운 학창 시절을 보냈답니다. 그런 제가 처음 남녀가 평등하지 않다는 것을 경험한 것은 대학에서입니다. 남학생들의 의견에 주장을 굽히지 않자 일부는 저를 불편해했어요. 결혼 후에도 느꼈습니다. 좋은 시댁을 만난 행운아였습니다만, 그래도 명절에 며느리라는 이유로 으레 있는 불평등이 의아했습니다. 그 시대의 문화였으므로 받아들였습니다만, 친구들 중에는 참는 것이 고역일 정도로 시댁에서 불평등을 당한 경우도 있었습니다.

여러분, 그리고 여러분의 딸들은 그러지 않기를 바랍니다. 남과 여라는 문제, 양보도 해야 하고 자기주장도 해야 하는데, 그 적정한 선이 어디인지 답을 내기 어려운 건 맞습니다. 현명한 우리 딸들이 원만한 합의점을 찾을 것이라 믿지만 절대 넘지 말아야 할 선은 있어요. 본인이 심하게 불행한데도 무조건 참는 것, 적어도 그건 아니라는 점입니다.

오늘의 한 문장 · · ·

Many women felt the pressure of that deeply rooted custom.
많은 여성들이 뿌리 깊은 그 관습에 압박감을 느꼈다.

We are trying to show our love for our parents all the time.

We remain close to them, even if we are married.

Our children are tremendous gifts for our parents and vice versa.

We Koreans don't take our parents' care for granted.

It is natural that we want to return the favor to them.

우리는 항상 부모에게 사랑을 표하려고 노력한다.
심지어 결혼을 해도 부모와 가까운 관계를 유지한다.
우리 아이는 우리 부모에게 위대한 선물이며 반대로도 마찬가지다.
우리 한국인은 부모의 보살핌을 당연한 것으로 여기지 않는다.
부모님의 은혜에 보답하고자 하는 것은 너무도 자연스러운 일이다.

 ···이것만은 기억해요

all the time 항상 | **remain [형용사]** ~을 유지하다 | **close to** ~에 가까운 | **even if** ~라 해도 | **tremendous** 대단한 | **vice versa** 반대로도 마찬가지 | **take [A] for granted** A를 당연하게 여기다 | **care** 보살핌, 돌봄 | **it is natural that** ~인 사실이 마땅하다, 자연스럽다 | **return the favor to** ~에게 은혜(신세)를 갚다

한국인의 남다른 부모 사랑

외국인의 눈에 비친 한국인의 부모 사랑은 남다르다고 합니다. 자랄 때 분에 넘치는 사랑을 받은 자식의 입장에서 부모님께 잘하는 것은 당연한데 말이지요. 한국인은 성인이 되어 따로 가정을 꾸려도 부모는 여전히 한 가족으로 여깁니다. 부모에 대한 마음은 연세 드신 다른 분들에게까지 공경으로 드러나지요. 우리 언어를 보아도 알 수 있듯이 존댓말은 우리의 태도를 결정하는 데 큰 영향을 미칩니다.

이를 알게 된 어느 미국인 교육자가 뉴욕의 공립학교 'democracy prep charter high school'에 한국어 과목을 필수로 넣어 주목을 받았습니다. 존댓말은 존경하는 부모를 항상 염두에 둔 것이므로 '존댓말을 하면 행동이 바를 수밖에 없다'는 가설에서 출발했는데, 그게 옳았음을 학생들의 변화로 증명했습니다. 부모를, 나아가 교사를 공경하면서 성실한 학생들이 점점 더 많아지게 되었고 이는 학업 성과로 연결되어 지역사회에서 화제가 되었습니다. 부모에 대한 사랑은 당연한 것인데 특별히 화제가 되다니, 우리에게는 그게 더 이상하게 들리네요.

오늘의 한 문장···

We are trying to show our love for our parents all the time.
우리는 항상 부모에게 사랑을 표하려고 노력한다.

I happened to see my mom's phone photo album.

It was full of pictures of flowers and trees.

I never knew she was such a nature-lover.

Maybe it's because she feels lonely without us around.

It's so sad to see my mom growing older.

우연히 엄마의 폰 사진첩을 보았다.
꽃과 나무 사진이 가득했다.
엄마가 그렇게 자연애호가인지 몰랐다.
아마도 주변에 우리가 없어 외로워서 그렇겠지.
엄마가 점점 더 늙어가는 모습을 보는 게 너무 슬프다.

 ···이것만은 기억해요

happen to [동사] 우연히 ~하다 | **be full of** ~로 가득하다 | **such a** 대단한 | **nature-lover**
자연애호가 | **maybe** 아마도 | **lonely** 외로운 | **grow [비교급]** 점점 더 ~하다

외로운 엄마 폰에 꽃 사진만 가득

어르신들의 휴대폰 사진첩에는 꽃 사진만 잔뜩 들어 있다고 하네요. 젊어서는 무심코 지나쳤던 주변을 감상할 시간이 많아졌다는 뜻일 겁니다. 매일 사진 찍어줄 어린아이가 있는 것도 아니고, 그렇다고 매일 여행 다닐 수 있는 것도 아니니 동네 꽃과 나무 사진만 가득할 수밖에요.

몇 년 전 봄, 부모님께서 꽃구경 간다고 하시는데 그냥 놀러 간다는 뜻이 아니고 진짜 꽃을 보러 간다는 말이었습니다. 그 예쁜 꽃을 앞으로 몇 번이나 더 보겠느냐고 하셨는데 정말 이제는 두 분이 함께 꽃을 못 보십니다. 아버지가 하늘나라에 가셨거든요.

나이가 들면 활동 반경이 줄어듭니다. 사람들과 어울리며 지냈던 시간, 젊음의 열기가 사그라지면서 자칫하면 과거에 묻혀 더 이상 생이 진척되지 않아요. 그러나 좋은 점은 욕심과 계획이 줄면서 자기를 둘러싼 소소한 것들에 자연스럽게 눈이 가기 시작합니다. 계절의 변화가 온몸으로 느껴지고, 아파트 단지의 나뭇가지가 사랑스럽고, 꽃이 피고 지는 모습에 마음이 가요. 그 또한 아름다운 삶이나 왠지 쓸쓸하게 들리네요.

오늘의 한 문장···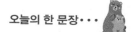

I happened to see my mom's phone photo album.
우연히 엄마의 폰 사진첩을 보았다.

Today was my first day at work after a career break.

I stayed at my desk saying nothing all morning.

At the training session, I was too nervous.

Thankfully, some members of my team helped me.

It might take some time, but I'll believe in myself again.

오늘은 경력 단절 이후 새 직장에 출근한 첫날이었다.
아침 내내 아무 말도 안 하고 자리에 앉아 있었다.
연수 시간에는 너무나 긴장이 됐다.
고맙게도 우리 팀 사람 몇 명이 도움을 주었다.
시간이 좀 걸리겠지만 다시 나 자신을 믿어보리라.

 • • • 이것만은 기억해요

at work 직장에서, 출근한 | **career break** 경력 단절 | **training session** 연수(교육) 시간 |
nervous 긴장한 | **thankfully** 고맙게도 | **take time** 시간이 걸리다 | **believe in oneself** 스
스로를 믿다, 자신감을 갖다

쉬었다고 멈춘 것일까

결혼하고 아이 낳고 직장을 그만두거나 휴직하는 여성들이 많지요. 그러다 아이가 어린이집에 가기 시작하면 복직을 하거나 새로운 직장을 찾아 다시 워킹맘이 되기도 합니다. 하지만 한동안 아이를 돌보다가 다시 시작한 직장생활이 쉬울 리 있나요. 그동안 나만 빼고 다 변해버렸는지 하루하루가 벅차기만 합니다. 여기에 이미 승진하여 높은 직급에 있는 동료를 보면 초라한 기분마저 들겠지요. 게다가 젊은 후배들은 왜 하나같이 스펙도, 실력도 좋은지요.

저도 쉰 살이 다 되어 인터넷 기반 교육 회사에서 일한 적이 있습니다. 오랜 교수 생활 끝에 시작한 직장이었는데, 컴퓨터 쓰는 일에 실수를 많이 해서 젊은 직원들에게 내심 미안하더군요. 대신 나이만큼 쌓인 경험과 판단, 리더십이 있었습니다. 연륜과 지혜, 이건 사회 초년생이 아무리 노력해도 따라잡을 수 없어요. 멈춰 있던 시간 동안 그대에게는 더 많은 경험과 지혜가 쌓였을 거예요. 쉬었다고 멈춰 있었던 건 아니니까요. 그것만으로도 충분합니다.

오늘의 한 문장•••

It might take some time, but I'll believe in myself again.
시간이 좀 걸리겠지만 다시 나 자신을 믿어보리라.

I was insecure, never feeling confident.

Whenever I tried to change myself, I wondered if it was worth it.

I was my worst enemy who told myself that I was not able.

Then, I met my man who loved me just the way I was.

He helped me get over the feeling of self-doubt.

난 자신감이 없는 불안정한 사람이었다.
자신을 바꿔보려 할 때마다 그래 봐야 뭐 하나 의문이 들었다.
내가 무능하다고 말하는 최악의 적은 나였던 것이다.
그러다 내 모습 그대로를 사랑해주는 내 남자를 만났다.
그는 내가 가진 자기의심을 극복하게 해주었다.

 • • • 이것만은 기억해요

insecure 불안정한 | **confident** 자신감 있는 | **whenever** ~할 때마다 | **be worth [명사]** ~의 가치가 있는 | **worst** 최악의 | **enemy** 적 | **be able** 능력이 있다, 할 수 있다 | **the way I was** 있는 그대로의 나 | **get over** ~를 극복하다 | **the feeling of self-doubt** 자기회의감, 자신을 믿지 않는 태도

176

있는 그대로의 나를 사랑해주는 사람

자신감이 넘치는 사람을 보면 부러워요. 그리 내세울 성과도 아닌데 가감 없이 분명히 말하면 참 신뢰가 갑니다. 꽤 외향적이고 할 말은 꼭 하는 유형인 저도 그런 사람들이 부럽습니다. 외향적이라고 다 자신감이 있는 건 아니거든요. 스스로 소심하고 부끄러움을 많이 타는 성격이라고 말하는 사람의 얘기를 들어보면 공통적인 고민이 있더군요. 무언가를 하고 싶어도 '잘못되면 어쩌지, 망신당하긴 싫은데' 이런 걱정이 많이 든다고 말합니다. 남의 생각과 시선을 의식하다 보니 자기 안의 목소리가 자꾸만 그 사람을 주저앉히는 거죠. 그래서 가장 큰 적은 자기 자신이라 하는가 봅니다.

자신감을 깎아먹는 이 내면의 적을 물리칠 수 있게 도와주는 건 무엇일까요? 그건 결국 사랑이 아닐까 싶어요. 극도로 소심하고 늘 뒤로 빼며 주눅이 들어 있던 사람이 결혼 후 완전히 달라진 모습을 보았거든요. 아내의 모습 그대로를 사랑하는 남편의 응원 덕분이었죠.

"네가 무엇을 하건, 어떤 모습이건 널 사랑해."

부부는 서로를 지지하는 최고의 팬입니다.

오늘의 한 문장•••

I met my man who loved me just the way I was.
내 모습 그대로를 사랑해주는 내 남자를 만났다.

When you help someone, you expect the person will say thanks,

but we often meet people who don't say, "Thank you."

On the contrary, some people just say "Thanks" for everything.

It doesn't sound sincere and I wonder if they really mean it.

Is it that tricky, saying the right thing at the right time?

누굴 도와주면 그 사람이 고맙다고 말할 것이라 기대하기 마련이다.

그런데 고맙다는 말을 하지 않는 사람을 종종 만난다.

반대로 어떤 사람들은 아무것에나 고맙다고 한다.

진지하게 안 들리고 진심인가 의구심도 든다.

제때 제대로 된 말을 하는 게 그렇게 까다로운 건가?

 • • • 이것만은 기억해요

someone 누군가 | **expect (that) [문장]** ~을 기대하다 | **say thanks** 고맙다고 말하다 | **often** 자주 | **on the contrary** ~와 반대로 | **everything** 모든 것 | **sound** ~로 들린다 | **sincere** 진지한 | **mean it** 진심이다 | **that [형용사]** 그렇게, 매우 ~한 | **tricky** 곤란한, 까다로운 | **at the right time** 적당한 때에

진심일까 그저 입버릇일까

힘껏 도움을 줬는데 별일 아니었다는 듯 그다지 고마워하지 않는 사람이 있어요. 그러고는 시간이 지나 또 일을 부탁하더군요. 고마워할 줄 모르는 당신을 돕고 싶지 않다고 말하자니 내가 옹졸한 사람이 되는 것 같아 두 번 기분이 나쁩니다.

그런가 하면 별 이유도 없이 습관적으로 고맙다고 말하는 사람도 있어요. 저도 그런 편인데요, 어떨 때는 내가 정말 고마워서 고맙다고 하는 건가 하고 자문하곤 합니다. 내가 누군가로부터 형식적으로 판에 박힌 감사의 말을 듣고 진심이 아니라고 느꼈듯, 상대도 나에게 같은 생각을 할 수 있기 때문이지요.

진정 고맙다고 해야 할 때 입을 다무는 것과 아무 생각 없이 자동 남발하는 감사. 둘 다 한 번쯤 생각해볼 문제입니다. 적절한 상황에 적절하게 고맙다고 말하기. 인간관계의 중요한 기술 아닐까요?

오늘의 한 문장···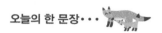

We often meet people who don't say, "Thank you."
고맙다는 말을 하지 않는 사람을 종종 만난다.

We decided to go on vacation to a city center this year.

We are going to stay at a luxury hotel for a couple of days.

What good is having vacation in the city where you actually live?

You don't have to plan ahead, but just go and stay

and you feel that you are treated like a VIP.

올해는 도심에서 휴가를 보내기로 했다.

고급 호텔에서 한 이틀 지낼 것이다.

자기가 실제 사는 도시에서의 휴가가 뭐 그리 좋냐고?

계획을 미리 세울 것 없이 그저 가서 묵으면 된다.

그리고 VIP로 대접 받는 기분이 든다.

 ···이것만은 기억해요

go on vacation 휴가를 보내다 | **city center** 도심 | **luxury** 고급의 | **for a couple of days** 이틀 동안 | **What good is ~ ?** ~이 무슨 소용인가? | **actually** 실제로 | **plan ahead** 미리 계획을 짜다 | **go and [동사]** 가서 ~하다 | **stay** 머무르다, 묵다 | **be treated** 대접 받다 | **VIP** 귀빈 (very important person)

180

도심에서 호캉스, 인생 사진을 남겨봅시다

휴양지로 향하는 고속도로는 막히고, 해외로 나갈 비행기표는 구하기 어렵고, 무엇보다 여러 날 시간을 내기가 어려우니 가까운 호텔에서 휴가를 보내는 도심 속 휴가가 유행이에요. 일명 호캉스. 물론 통용되는 영어 단어는 아닙니다. 호캉스가 주는 가장 큰 기쁨은 뭐니 뭐니 해도 그날 하루만큼은 VIP가 된 듯한 기분이 된다는 것, 그리고 집안일을 하지 않아도 된다는 것이죠. 새하얀 침대에서 눈을 떠 깊은 욕조에 몸을 눕히고, 다양한 식당에서의 맛있는 식사 등 도심 속의 휴양지에 온 느낌입니다.

아이와 함께하는 경우엔 호텔 근처에 있는 공원이나 박물관을 둘러볼 수 있으니 휴가도 즐기고 체험학습도 하는 일석이조의 행복이죠. 여기에 SNS에 올릴 사진이 생기는 것은 덤. 그동안 다른 사람의 일상을 보며 부러워했다면, 오늘은 나도 팔로어들이 부러워할 인생 사진 한 장쯤 올려도 괜찮습니다.

오늘의 한 문장・・・

You feel that you are treated like a VIP.
VIP로 대접 받는 기분이 든다.

I am deeply sorry that my cousin is getting a divorce.

She found out that her husband was having an affair.

They have been married for six years.

Now he wants to leave her to live with the woman he is seeing.

I hope that my cousin will get over it and move on quickly.

내 사촌이 이혼 절차 중이라니 정말 속상하다.

남편이 외도하고 있는 걸 알게 된 것이다.

그들은 결혼 6년 차이다.

그녀의 남편은 만나는 여자와 살겠다며 사촌을 떠나려고 한다.

사촌이 이 일을 극복하고 빨리 나아지기를 바란다.

 •••이것만은 기억해요

deeply 진심으로 | **be sorry that** ~이 유감이다, 속상하다 | **cousin** 사촌 | **get a divorce** 이혼하다 | **find out** ~을 알게 되다 | **have an affair** 외도하다 | **be married** 결혼한 | **leave** ~로부터 떠나다, ~를 두고 가다 | **see** ~를 만나다, 사귀다 | **get over** ~를 극복하다 | **move on** (다음 단계로) 나아가다, 발전하다 | **quickly** 빨리

새로운 시작을 응원합니다

이전에는 지인의 이혼 소식을 들으면 안타깝다는 생각을 했어요. 이혼 후 맞이하게 될 난관이 분명 작지 않으니까요. 하지만 요새는 그의 새로운 삶을 응원하게 됩니다. 수많은 날을 고민한 끝에 내린 결정이었을 거라고 짐작하기 때문이죠. 도저히 개선할 수 없는 문제가 이유였을 테고, 더 나은 삶을 살기 위한 최선의 결정이었을 겁니다. 이혼이라는 과정을 거치는 동안 당사자는 수없이 많은 상처를 받았을 거예요.

고통을 감내하며 심사숙고 끝에 내린 중대한 결정인 만큼, 저는 그 판단은 박수를 받아야 옳다고 생각합니다. 당당하게 세상에 나아가세요. 그대는 마음의 지옥을 박차고 나온 전사입니다. 문제의 근원이었던 사람들로부터 벗어난 자유가 보상! 그대 앞에 새로운 출발이 기다리고 있어요. 응원합니다!

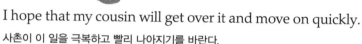

오늘의 한 문장•••

I hope that my cousin will get over it and move on quickly.
사촌이 이 일을 극복하고 빨리 나아지기를 바란다.

Don't just hide your feelings behind a fake smile.

Learn to express yourself openly and honestly.

It might be difficult at times. Start off with simple things.

Do not hold it all inside. Stand up for yourself!

억지 미소 뒤에 감정을 숨기지 마세요.
솔직하게 터놓고 자신을 표현하는 법을 배우세요.
때로는 어려울 수 있습니다. 단순한 것부터 시작하세요.
모든 걸 속에 담아두지 마세요. 자신을 위해 맞서세요!

 ···이것만은 기억해요

hide ~을 숨기다 | fake 가짜의 | learn to [동사] ~하는 것을 배우다 | express ~을 표현하다
| openly and honestly 솔직하게 터놓고 | at times 때로 | start off with ~부터 시작하다 |
hold ~를 담다 | inside 안에 | stand up for ~를 지지하다, (공격 등에 맞서) 지키다

하고 싶은 말이 있으면 연습해서 말하세요

여성이 육아와 가사를 도맡는 것이 당연시되어 온 것은 부정할 수 없는 사실이지요. 그리고 그렇게 요구한 사람들과 그에 순종한 여성들이 우리 부모이자 선배인 것도 맞고요. 많이 달라졌다고는 해도 여성다움에 대한 고정관념은 여전해요. 똑같은 교육을 받았음에도 알게 모르게 여성이 받는 차별이 존재하지요. 그렇다 보니 겉으로는 괜찮아 보여도 안으로는 상처가 곪아갑니다. 어쩌다 육아의 고됨, 부부 공동육아에 대한 생각을 말하면 "경제활동을 하는 남편을 고되게 한다"는 말을 도리어 듣기도 합니다.

그렇지만 워킹맘들은 경제활동도 같이합니다. 육아, 가사 등으로 정말로 견디기 힘들면 울지 말고 말로 하세요. 투사가 되어 싸우라는 뜻이 아닙니다. 최대한 차분하게, 천천히 생각을 전달하세요.

직장에서도 마찬가지입니다. 유독 내게만 업무가 주어지고, 유독 나만 타박을 하는 사람이 있다면 시끄러운 소리 날까 애써 참아온 말들, 천천히 풀어놓으세요. 종이에 조목조목 써서 백 번쯤 읽으면서 연습한 뒤 말하세요. 한 번에 뜻대로 요구가 관철되지 않을지라도 상대가 더 이상 마음대로 그대를 휘두르진 못할 겁니다. 더 이상 참지 마시라고, 제가 왼쪽 페이지에 영어로도 썼습니다.

오늘의 한 문장···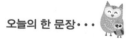

Learn to express yourself openly and honestly.
솔직하게 터놓고 자신을 표현하는 법을 배우세요.

I've worked on learning English for almost my entire life.

If it were some other skill,

I would already be a master of the field.

If it were some form of art,

I would have become a renowned artist,

but I still mess up and have to work on English every day.

What is wrong with English? Why is it so hard to learn?

나는 영어를 거의 전 생애에 걸쳐 배웠다.
그게 다른 기술이었다면 벌써 그 분야의 마스터가 됐을 것이다.
어떤 예술이었다면 유명한 예술가가 됐을 것이다.
그런데 난 아직도 엉망이고 영어를 매일 공부해야 한다.
영어는 뭐가 문제일까? 왜 그리 배우기 어려울까?

 ···이것만은 기억해요

work on (공부, 업무 등)을 하다 | **almost** 거의 | **entire** 전체의 | **if it were ~** 만약 ~라면 | **already** 이미 | **master** 대가, 숙련가 | **field** 분야, 직업군 | **some form** 어떤 형태의, 일종의 | **art** 예술 | **renowned** 유명한 | **artist** 예술가 | **still** 여전히, 아직도 | **mess up** 망치다 | **wrong** 잘못된 | **What is wrong with ~ ?** ~는 뭐가 잘못된 걸까?, 뭐가 문제일까?

영어가 안되는 건 내 탓이 아니로다

1970년대 우리 집에 굴러다니던 팝송 악보집에는 한국어로 영어 발음이 적혀 있었어요. 카세트테이프를 잘 들어 보니 귀에 들리는 소리와 표기가 달라 이상하다 싶더군요. 저와 영어의 인연이 이때 시작되었나 봅니다. 덕분에 제 세대에서는 드물게 저는 초등학교 때 영어를 시작한 셈이에요. 영어 학사, 석사, 박사에 이어 박사후과정까지 거쳤으니 영어와는 질기고 질긴 인연을 쌓았습니다. 그런데 여전히 영어를 쓰고 말할 때 실수를 합니다. 책을 쓸 때도 수도 없이 문장을 살피고 최종적으로 다른 전문가의 피드백을 받아 수정해요.

사실 영어는 배우기 참 어려운 언어입니다. 철자와 소리 사이에 규칙이 있으나 예외가 많아 소리 내어 읽기가 어려워요. 또 세상에서 어휘가 제일 많은 언어라서 비슷한 의미에 수십 개의 단어가 있습니다. 오랜 세월 공부했는데도 영어가 잘 안되나요? 그건 그대가 게으르거나 공부머리가 없어서 그런 게 아니에요. 영어라는 언어가 그 모양입니다. 그러니 영어 안된다고 자신을 한심하게 보지 마세요. 영어가 참 이상한 언어인데, 하필 그걸 배운다고 우리가 이렇게 고군분투합니다그려.

오늘의 한 문장···

I've worked on learning English for almost my entire life.
나는 영어를 거의 전 생애에 걸쳐 배웠다.

Okay, I am a bad person.

I don't care what you think of me.

It's not my intention to impress you.

I don't expect anything from you.

Don't ask me why I'm treating you cold.

Blame yourself for expecting too much from me.

그래, 나 못됐다.
날 어떻게 보든 상관없어.
좋은 인상 풍기고 싶은 생각 없거든.
난 당신한테 바라는 거 없다고.
왜 자기한테 냉랭하게 구느냐고 묻지 마시라.
나한테 너무 많은 것을 바라는 본인 탓인 줄이나 알기를.

 ・・・이것만은 기억해요

don't care ~를 신경 쓰지 않다 | it's not my intention to [동사] 나는 ~할 의향이 없다 |
impress ~에게 좋은 인상을 주다, ~를 감동시키다 | expect [A] from [B] B로부터 A를 기대
하다 | treat [사람] cold ~에게 쌀쌀맞게 굴다 | blame [A] for [B] B는 A 탓이다

대놓고는 못 해도 속으로는 해야죠

하고 싶은 말, 살면서 다 못 하고 삽니다. 말을 삼가기란 일종의 교양이지요. 정말로 예순 살 되도록 살아 보니 가장 조심해야 할 것은 입놀림이더군요. 뭐가 됐든 말로 뱉고 나면 그중 상당수는 실언이었어요. 나이가 들면 좋은 어른이 되고 싶어집니다. 가장 쉬운 방법은 말을 줄이는 것이라고 생각해요. 하지만 생각과 다르게, 젊은 사람들보다 오래 살며 경험한 게 많으니 세상사 다 아는 것 같은 착각이 생깁니다. 그러다 보니 자기도 모르게 참견이 늘고 말을 많이 하게 돼요. 말은 할수록 실수가 잦기 때문에 삼가야 하는데 평생 떠들어와서 그런가 말을 줄이기가 쉽지 않습니다.

어디 사회에서뿐인가요, 가정에서도 그렇지요. 배우자에게는 물론이고 자녀에게도 할 말 다 하고는 못 삽니다. 저도 홧김에 나오는 일장 연설을 꾹꾹 참을 때가 많습니다. 그러고는 혼자 있을 때 구시렁구시렁 중얼거려요. 여러분도 참지 말고 남편에게, 자식에게 또는 얄미운 직장 상사에게 하고 싶은 말 하며 사세요. 흉도 보고 살짝 거친 말도 하세요. 단, 입으로는 아니고 속으로요. 영어로는 하고 싶은 말 실컷 뱉어봅시다, 왼쪽 예문처럼요!

오늘의 한 문장···

I don't expect anything from you.
당신한테 바라는 거 없어요.

I'm thinking of unfollowing some people on Instagram.

They got on my nerves by sharing disturbing pictures.

How can they be so pretty

while I barely have time to wash my face?

How can they get their house clean while mine is full of junk?

I can't help comparing myself with others on social media.

인스타그램에서 몇몇을 언팔할까 생각 중이다.

짜증나게 하는 사진으로 내 속을 긁는다.

난 세수할 시간도 없는데 그 사람들은 어쩜 그리 예쁜 걸까?

우리 집은 잡동사니로 가득한데 그들 집은 어쩜 그리 깨끗할까?

나와 SNS 속 타인을 비교하지 않을 수가 없다.

 • • • 이것만은 기억해요

unfollow ~를 팔로우하다가 끊다 | **get on one's nerve** ~의 신경을 거슬리게 하다 | **share** ~를 공유하다, SNS에 올리다 | **disturbing** 짜증나는 | **barely** 거의 ~ 않다 | **get [A] clean** A를 깨끗이 하다 | **be full of** ~으로 가득 찬 | **junk** 잡동사니 | **can't help ~ing** ~하지 않을 수 없다 | **compare [A] with [B]** A를 B와 비교하다

SNS에서 자존감 도둑을 만났을 때

소셜 미디어 시대, 늘어나는 팔로어만큼 많은 사람들과 인연이 닿는 세상입니다. 저도 몇 년째 SNS를 하고 있는데, 덕분에 많은 사람들을 사귀었어요. 저야 나이도 있고 교류하는 사람들이 대부분 젊은 엄마들이다 보니 소통하는 게 그저 즐겁기만 합니다. 아이 키우던 생각도 나고, 치열하게 일하던 기억도 나고요. 그런데 종종 엄마들의 고민이 들립니다. 다른 사람의 SNS를 보면 나만 힘들게 사나 싶어 화가 나고, 어떨 땐 스스로 초라하게 느껴질 때가 있다는 고백이지요. 왕창 쏟아진 시리얼을 간신히 치우고 아이를 어린이집에 맡기고 와서 불어 터진 시리얼을 먹는데, SNS에서 어떤 여자가 그림처럼 깨끗한 집에서 요가를 하는 모습에 화가 났다는 얘기를 들었어요. 요가녀는 잘못한 게 없지만 그걸 보는 자신이 한심해서 '언팔'했다는 말과 함께요.

그래요, 내 자존감 깎아먹는 건 보지 말아요. 보고 안 보고는 내 눈이 하는 일, 팔로우하고 안 하고는 내 손이 하는 일. 그럴 땐 그냥 가차없이 언팔하면 됩니다.

오늘의 한 문장···

I can't help comparing myself with others on social media.
나와 SNS 속 타인을 비교하지 않을 수가 없다.

The downside of hope is disappointment.

We're hopeful, but get disappointed easily.

So, I try not to expect anything to avoid disappointment.

Always hope and never expect.

It sounds weird, but this is why it's still okay to hope.

희망 이면의 문제는 실망이다.

우리는 희망적이었다가도 쉽사리 실망하게 된다.

그래서 나는 실망을 피하기 위해 기대를 안 하려고 노력한다.

항상 희망은 품되 절대 기대는 하지 말라.

이상하게 들리겠지만, 그러므로 여전히 희망은 가져도 되는 것.

 •••이것만은 기억해요

downside 부정적인 면 | **disappointment** 실망 | **hopeful** 희망적인 | **get disappointed** 실망하다 | **easily** 쉽사리 | **expect** ~을 기대하다 | **avoid** ~을 피하다 | **it sounds ~** ~로 들리다, ~인 것 같다 | **weird** 이상한 | **it's still okay to** 여전히 ~해도 괜찮다

희망은 갖되 기대는 하지 않기

계획한 대로 일이 풀리지 않을 때 실망이야 말할 것도 없죠. 그런데 다시 또 무언가를 하며 희망을 품는 걸 보면 인간은 아마도 '습관성 희망증'을 앓는 존재인가 봅니다. 희망에 관한 명언이 좀 많습니까? 희망이 없이 어려운 과정을 어찌 해내고, 희망이 없다면 넘어진 채 엎드려 다시 일어나지 않을 테니 희망은 우리 삶의 동력원이 맞습니다. 그런데 문제는 희망했다 실망한 기억을 떨쳐내지 못하고 계속해서 불안해한다는 데 있습니다.

한때 희망도 지겹다는 생각을 한 적이 있어요. 그 마음속을 헤집고 들어가 보니 바닥 한가운데에 '내가 바라는 대로 되지 않을지도 모른다'는 불안이 있기 때문이었죠. 희망은 하되 이것이 반드시 돼야 한다는 기대만 덜한다면, 그래서 결과에 지독스럽게 연연하지만 않는다면 희망은 계속 가지는 게 맞다고 생각합니다.

저절로 마음 깊은 곳에서 자꾸 생겨나는 희망을 어찌할 수는 없으니까요. 희망은 하되 기대는 안 하기. 이거 원, 살다 보면 도인이라도 돼야 하는가 봅니다.

오늘의 한 문장···

Always hope and never expect.
항상 희망은 품되 절대 기대는 하지 말라.

chapter 08

세상에 대한
관심

There seems to be no end to cleaning the house.

I clean the house every day, but it doesn't look that tidy,

but if I don't do it for just one day, the house gets messy.

I have thrown away or given away a lot of stuff to others,

but my child's stuff seems to pile up all the time.

집을 치우는 데는 끝이 없는 것 같다.
매일 집을 치워도 깨끗해 보이지 않는다.
그런데 하루만 치우지 않아도 집은 엉망이 된다.
나는 물건을 수도 없이 버리거나 다른 사람들에게 나눠줬다.
그런데도 아이 물건은 끝없이 늘어나는 것 같다.

 •••이것만은 기억해요

there seems to be ~가 있는 것 같다 | **no end to [동명사]** ~하는 데에 끝이 없다 | **clean** 청소하다 | **that [형용사]** 그렇게, 그만큼 ~하다 | **tidy** 정갈한 | **messy** 지저분한 | **throw away** ~를 버리다 | **give away** ~를 주다 | **stuff** 물건, 잡동사니 | **others** 다른 사람들 | **pile up** 쌓이다, 늘다 | **all the time** 항상

196

버려야 넓어진다, 미니멀리즘

미니멀리스트가 대세라던데, 왜 우리 집은 갈수록 맥시멀리스트의 공간이 되는 걸까요? 집안일에서 헤어나지 못하고 계속 치우는데도 물건은 계속해서 쌓여가고 편안해야 할 집이 가끔씩 숨을 조여오는 건 무슨 이유일까요? 이러다 우리 집도 할머니 집처럼 되는 건 아닐까 걱정됩니다. 어디서부터 손을 대야 할지 알 수 없는 오래된 물건들의 전시장인 할머니 집. 정신 차리고 밀린 숙제하듯 때때로 정리하는데도 늘어만 가는 물건을 보면 곧 그렇게 물건 천지가 될 것 같아요.

그래서 저는 몇 년 전에 크게 마음먹었답니다. 꼭 필요한 것 외에는 사지 않고, 쓰지 않는 건 과감히 처분하고, 처분 기준은 최근 3년간 쓴 적이 없는 물건으로 하기로 말이죠. 쇼핑할 궁리만 하면서 쾌적하고 넓은 집을 바라면 절대 이루어지지 않아요. 특히 아이 물건일수록 자꾸만 사게 되죠? 하지만 새로 사기 위해선 있는 것을 먼저 비우고 정리해야 합니다. 이 단순한 사실만 기억하면 집이 지금보다 더 좁아지는 걸 막을 수 있어요.

오늘의 한 문장···

There seems to be no end to cleaning the house.
집을 치우는 데는 끝이 없는 것 같다.

This little phone can do astonishing things.

Besides calling, texting, and emailing,

I use it to navigate when I drive.

I watch movies, listen to music and read news on it.

Furthermore, I use it for online shopping every day.

Not least of all, I participate in social media using my phone.

Life without my smartphone is hard to imagine.

이 작은 전화기가 엄청난 일을 한다.
전화, 문자, 이메일 외에 운전할 때 길안내로도 쓴다.
그걸로 영화를 보고 음악을 들으며 뉴스를 본다.
뿐만 아니라 온라인 쇼핑을 위해 매일 사용한다.
그중에서도 특히, 폰으로 소셜 미디어에도 참여한다.
스마트폰 없는 삶은 상상하기 어렵다.

 ···이것만은 기억해요

astonishing 놀라운 | **besides** ~ 외에도 | **text** 문자를 보내다 | **navigate** 길을 찾다 |
furthermore 뿐만 아니라 | **not least of all** 그중 특히 | **participate in** ~에 참여하다 | **life**
삶 | **imagine** 상상하다, ~를 상상하다

상상한 대로 이루리라, 첨단 IT

이제 스마트폰 없는 세상은 상상할 수 없죠. 단순한 전화기가 아닌 생활필수품으로 가전제품과 연결돼 밖에서도 집안일을 관리한다니 얼마나 살기 편해질까요? 이를 사물인터넷IoT, Internet of Things이라고 한다던데, 벌써 우리 생활 속으로 꽤 들어온 모양입니다. 또 인터넷은 메타버스metaverse라는 형태로 바뀐다네요. 메타버스는 증강현실augmented reality로 작동되는 사이버 세상인데, 그 속에서도 현실 세상처럼 인간관계와 상업과 예술 등 우리 주위에서 일어나는 모든 일들이 펼쳐질 거래요.

알쏭달쏭한 이런 얘기를 들으면 앞으로의 세상이 어떻게 변할지 무척 궁금해집니다. 어릴 적 공상과학 만화에서만 보던 세상이 점점 현실이 되어가고 있으니까요. 한편으론 그 기능이 주는 편안함을 누리지 못하는 구세대에게는 참으로 불친절하다는 생각이 듭니다. 투덜대면서 적응하거나, 필요 없다고 생각하며 애써 무시하며 살아야겠지요. 저는 새로운 변화에 적응하는 편인지라 그래도 노력하고 있습니다만, 어디까지 따라갈 수 있을지는 모르겠어요.

오늘의 한 문장···

Life without my smartphone is hard to imagine.
스마트폰 없는 삶은 상상하기 어렵다.

We've adopted a new puppy for our only child.

People say keeping a dog is just as difficult as raising a baby,

but my daughter is so happy and it makes me feel good.

Since it's our first pet, we are still not used to living with it.

We all seem to have fallen in love with this furry family member.

외동아이를 위해 새 강아지를 입양했다.
사람들은 강아지 키우기가 아이 키우는 것만큼이나 힘들다고 한다.
그래도 딸아이가 좋아하니 내 마음이 흐뭇하다.
첫 애완동물이라 함께 사는 것이 익숙하지 않다.
우리 모두 이 털북숭이 식구와 사랑에 빠진 것 같다.

 ···이것만은 기억해요

adopt ~을 입양하다 | **only child** 외동아이 | **keep a dog** 개를 키우다 | **raise** ~를 기르다 | **since** ~이기 때문에 | **pet** 애완동물 | **still** 여전히 | **be used to ~ing** ~하는 데 익숙하다 | **seem to [동사]** ~한 것 같다 | **fall in love with** ~와 사랑에 빠지다 | **furry** 털 있는 | **family member** 가족 구성원

반려동물은 고귀한 생명입니다

반려견, 반려묘 등 이제는 애완동물이라는 말보다 반려동물이라는 말을 훨씬 더 많이 씁니다. 집에서 함께 사는 가족이고, 위로와 기쁨을 함께하는 존재니까요. 많은 사람들이 반려동물을 입양하라고 합니다. 입양이라는 표현만 봐도 가족이라는 뜻이죠.

반려동물과 함께하면 아이들이 정서적으로도 안정되고 책임감을 갖게 되어 교육적으로 참 좋다고 합니다. 특히 외동으로 자라는 아이에게는 반려동물이 형제자매처럼 의지가 된다고 하네요. 그런데 슬프게도 반려동물이 어리고 예쁠 때는 잘 키우다가 나이가 들고 병이 들면 버리는 사람들이 있어요. 병원비가 비싸고 돌보기가 힘들다는 이유를 들면서요.

하지만 가족이라면서 어찌 버릴 수 있을까요? 고귀한 생명입니다. 화분의 꽃 하나도 목이 마를까 물을 주며 살피는 것이 생명을 대하는 자세인데, 자기 가족을 알아보고 의사표현을 하는 반려동물을 버리다니요. 만남도 이별도 다 같이 겪는 것이 가족입니다. 생명이 다할 때까지 정말 가족처럼 돌볼 의사가 없으면 입양하지 마시라고 간절하게 부탁합니다.

오늘의 한 문장•••

We've adopted a new puppy for our only child.
외동아이를 위해 새 강아지를 입양했다.

I have always been interested in environmental issues.

I started to take actions on small things

such as reducing plastic waste and using less water.

To make a better world for our children,

it is important to make our life more eco-friendly.

The earth is the house for our children.

나는 항상 환경 문제에 관심이 있다.
작은 것부터 실천을 하기 시작했는데
플라스틱(비닐) 쓰레기 줄이기와 물 덜 쓰기 같은 것이다.
우리 아이들을 위해 더 나은 세상을 만들려면
우리 생활을 더욱 환경친화적으로 만드는 것이 중요하다.
지구는 우리 아이들의 집이다.

 ···이것만은 기억해요

be interested in ~에 관심을 갖다 | **environmental issues** 환경 문제 | **take actions on** ~에 대해 실천하다 | **such as** 예를 들면 ~와 같은 | **reduce** ~를 줄이다 | **plastic waste** 플라스틱(비닐) 쓰레기 | **eco-friendly** 환경친화적인 | **the earth** 지구

지구, 우리 아이들 모두가 살아갈 집

엄마가 되면 가족의 건강, 특히 아이의 건강에 예민해집니다. 뭐든지 더 깨끗한 것, 더 안전한 것을 찾으려고 애를 쓰게 돼요. 그런데 우리 집만 정수기를 통과 시킨 물을 먹고, 우리 집만 청정기로 씻은 공기를 마시는 게 과연 의미가 있을까요? 집 밖의 환경, 나아가 지구가 건강해지는 게 우선입니다.

"지구는 우리 아이들이 살아갈 미래의 집."

공허한 문구처럼 들리지만 사실은 이에 대한 깨우침이 절실합니다. 환경을 지키기 위한 실천 방법은 어렵지 않아요. 플라스틱 덜 쓰기, 물 아끼기, 비닐봉지 대신 장바구니 쓰기 등 환경을 지키는 작은 실천부터 당연시하면 됩니다. 나 혼자 해봐야 무슨 소용이냐고요? 혼자가 여럿이면 커집니다. 우산 하나면 가릴 곳이 좁지만 다 같이 우산을 펴면 넓은 지역이 가려지는 것처럼요.

우리가 이렇게 생활 속에서 노력하는 모습을 아이들이 보고 배우는 것에 더 큰 의미가 있습니다. 이제는 지능을 재는 범주에 '생태지능ecological intelligence'이 포함된다고 합니다. 깨우치고 실천하는 지식인일수록 환경에 관심이 높다는 뜻 아닐까요? 아이들이 살아갈 미래를 위해 엄마들부터 솔선하여 생태지능이 높은 가족이 됩시다.

오늘의 한 문장・・・

The earth is the house for our children.
지구는 우리 아이들의 집이다.

I feel guilty living life the way that I live.

We are too wasteful with the things that we have.

There are so many people in hunger in the world.

Babies are dying because they don't have food to eat.

I've donated through a couple of relief agencies.

I hope that my donations go to help those who need it most.

내가 살아가는 방식에 죄책감이 든다.
우리는 가진 것을 지나치게 낭비하며 산다.
세상에는 굶주리는 사람들이 매우 많다.
먹을 것이 없어서 아이들이 죽어가고 있다.
나는 구호 단체 두 군데에 기부를 하고 있다.
내 기부금이 절실한 사람들을 돕기를 바라며.

 • • • 이것만은 기억해요

feel guilty ~ing ~하는 데 죄책감을 느끼다 | **the way that I live** 내가 사는 방식 | **be wasteful with** ~를 낭비하는 | **in hunger** 기아 상태의 | **in the world** 이 세상에 | **donate** 기부하다 | **a couple of** 두 개의 | **relief agency** 구호 단체 | **donation** 기부, 기부금 | **those who** ~인 사람들

최고로 행복한 소비, 자선과 기부

"영세업자인데 기부를 많이 해 놀랍습니다."

자랑이지만 제가 들은 말입니다. 교사교육 프로그램 운영으로 나오는 수익 대비, 기부를 많이 하거든요. 기아와 질병으로 죽어가는 아이들 뉴스를 보고 있노라면 고통과 죄책감이 동시에 밀려와요. 누리는 풍요에 감사는커녕 불평하며 지낸 시간이 부끄럽습니다. 내가 아무렇지 않게 버리는 무언가가 누구에게는 최고의 것, 평생의 꿈이 될 수 있어요. 샤워로 뿌린 수십 통의 물은 어린 자식 먹일 물 한 컵조차 구하기 힘든 엄마가 흘리는 눈물에 대한 모독일 수 있습니다.

기아에 고통 받는 사람들을 도울 수 있는 가장 쉬운 방법은 '기부'입니다. 다음에 여유가 생기면 나누겠다는 말은 영원히 실천되지 않은 채 항상 다음, 또 다음이 돼요. 어려서부터 조금씩 시작해야 베푸는 어른으로 성장합니다. 자식이 잘되는 집의 공통점은 '적선'이라는 말 들어 보셨나요? 성공한 사람들의 일생을 분석했더니 그런 결과가 나왔다네요. 기부는 쓰면서 더 행복해지는 소비입니다. 게다가 지극히 개인적인 경험이긴 하지만 기부를 하고 나면 곧바로 그보다 더 큰 보상이 생깁니다. 이 신비한 우연을 어떻게 설명할 수 있을까요?

오늘의 한 문장•••

There are so many people in hunger in the world.
세상에는 굶주리는 사람들이 매우 많다.

I don't know how I have survived this traffic hell.

The roads are full of careless drivers.

They change lanes abruptly without any signals.

They don't care if parking is allowed or not.

I've been driving for years, but I still can't stand it.

이런 교통지옥에서 내가 어떻게 살아남았는지 모르겠다.
도로는 조심성 없는 운전자들로 가득하다.
그들은 깜빡이도 켜지 않고 불쑥 차선을 바꾼다.
주차가 허용되는지 아닌지도 신경 쓰지 않는다.
난 운전한 지 수년째인데 아직도 그런 건 못 참겠다.

 •••이것만은 기억해요

survive ~에서 살아남다 | traffic hell 교통지옥 | be full of ~로 가득 차 있다 | careless 부주의한 | change lanes 차선을 바꾸다 | abruptly 불쑥 | signals 신호 | care if ~인지 아닌지 신경 쓰다 | parking 주차 | be allowed 허용되다 | for years 수년 동안 | stand ~를 참다

운전할 때도 개념과 예절이 필요해요

운전대를 놓고 금차한 지 10년째입니다. 무모한 사람들과 같은 도로를 달리는 것이 엄청난 스트레스였거든요. 더 이상 아이를 태우고 다니지 않게 되자 곧바로 운전을 끊었습니다. 걸핏하면 깜빡이등 켜지 않은 채 확 끼어들고, 조금만 속도를 줄여도 뒤에서 경적을 마구 울려대는데 그럴 때마다 스트레스가 너무 심해서 얼굴도 모르는 운전자를 향해 저주를 했어요. 불법 주차한 운전자는 또 얼마나 싫던지요. 골목이나 코너에 차를 세워 다른 차의 진입을 막는 차를 보면서 다양한 표현의 악담을 조용히 퍼부었어요. 비싼 차를 몰면서 주차비 몇 푼 아끼려고 공용 주차장이 있음에도 근처 길가에 함부로 차를 세워놓는 운전자는 이상하게 더 얄밉습니다.

운전은 상대를 배려해야 자신도 안전한 법이죠. 그런데 막무가내인 인간들은 나만 있고 남은 없으니 존재 자체가 스트레스 유발자들입니다. 자율주행차self-driving car가 어서 나와서 막무가내 운전자들의 손발을 묶었으면 좋겠습니다. 엉망진창으로 운전을 하려고 해도 차가 말을 안 듣고 개념 없는 운전자를 혼내는 거죠. "너는 가만 있어라. 내가 알아서 한다." 그런 똑똑한 차가 나오면 저도 운전 다시 할까 봐요. 그동안 늙어버린 게 함정이지만.

오늘의 한 문장···

The roads are full of careless drivers.
도로는 조심성 없는 운전자들로 가득하다.

I feel someone is tracking my phone.

Once I type in a brand on the internet to search for a product,

my social media immediately shows me the same ones.

I feel everything that I do online is being tracked.

Oh my! I should be concerned about my privacy.

누군가 내 휴대전화를 추적하는 것 같다.
일단 인터넷에 상표명을 쳐서 상품 검색을 하면,
곧바로 내 SNS가 같은 물건을 보여준다.
온라인에서 하는 내 모든 행동이 추적당하는 기분이다.
세상에! 개인정보 보호에 대해 신경 좀 써야겠다.

 ···이것만은 기억해요

track ~를 추적하다 | **once** [주어] [동사] 일단 ~하면 | **type in** ~를 입력하다 | **search for** ~를 검색하다 | **product** 상품 | **social media** 소셜 미디어(SNS 포함) | **immediately** 곧바로 | **Oh my!** 이런, 세상에 | **be concerned about** ~를 신경 쓰다, 염려하다 | **privacy** 사생활(개인 정보 보호, 안전의 뜻으로 쓰임)

스마트 월드, 친절하거나 섬뜩하거나

이건 분명 스파이가 있는 거예요. 내 생활을 모조리 꿰고 있습니다. 어제 떡을 주문했더니 휴대전화에 계속 떡 광고가 뜨네요. 친구들과의 단체 대화방에서 헤어드라이어 상품 후기를 듣고 가격을 검색한 뒤 창을 닫았는데, 그 후로 계속 그 제품 광고가 올라옵니다.

'참 이상하기도 하지.'

스마트폰에 이런 경우가 자주 있지요? 소셜 미디어나 포털 사이트에서 필요한 물건을 검색하는 것만으로도 내 폰은 광고로 도배됩니다. 내게 필요한 것을 알아서 보여주니 신기한 서비스라 느껴지는 한편, 지금도 어디선가 나를 누가 지켜보고 있는 것 같아 섬찟하고 소름이 돋기도 합니다. 이런 세상이 마냥 편리한 건지, 무서운 건지 아직 정확히 모르겠어요.

하지만 한 가지 확실한 건, 개인정보는 철저하게 관리해야 한다는 사실! 스마트한 세상에서 안전하게 살아가려면 이메일 비밀번호 자주 바꾸고, 소셜 미디어 이중 보안 설정하는 등 더욱 조심해야겠어요.

오늘의 한 문장 • • •

I should be concerned about my privacy.
개인정보 보호에 대해 신경 좀 써야겠다.

I got a notice from the landlord that we have to move out.

The two-year rental period ends in a few months.

We wanted to live here longer by renewing the lease.

The housing market is terrible whenever we try to buy a home.

The rent is rising and there are not enough houses to rent.

I don't know when we can buy our own house.

집주인에게서 이사 가라는 통보를 받았다.
2년 계약 기간이 몇 달 있으면 끝이 난다.
계약을 연장해서 더 살고 싶었는데.
집을 사려고만 하면 부동산 시장이 좋지 않다.
전셋값은 오르고, 전세로 나온 집은 별로 없다.
언제쯤에나 우리 집을 살 수 있을지 모르겠다.

 •••이것만은 기억해요

notice 통보 | landlord 집주인 | move out 이사 나가다 | rental period 전월세 임대 계약 기간 | renew ~를 새로이 하다, 갱신하다 | lease 임대차 계약 | housing market 부동산 시장 | whenever ~할 때마다 | rent 임대료, ~를 세내다 | rise 오르다 | not enough 충분하지 않은 | our own house 자가, 우리 소유의 집

210

대한민국에서 내 집을 마련한다는 것

대한민국에서 내 집을 마련한다는 것. 이제는 정말 산악인이 히말라야 정상을 타고, 파라오가 피라미드 짓는 것만큼 원대한 목표가 된 것 같아요. 특히 대도시에서는 거의 불가능한 지경이 됐습니다.

미국 생활을 할 때 사람들이 집값의 극히 일부만 내고 나머지는 은행 융자로 30년씩 갚는 걸 봤어요. 평생 빚을 지고 산다고 생각하는 게 아니라 평생 갚으면서 사는 거라고 당연하게 여기더군요. 지역마다 주택 규모나 가격은 천차만별이지만 전액을 지불하고 집을 산다는 개념은 없다는 점이 한국인인 저에게 아주 특이하게 보였습니다.

전세 기한 만료를 앞두고 걱정하는 젊은 사람들을 보면 저는 미안한 마음이 들어요. 길거리마다 들어차 있는 것이 집인데, 가족들이 편하게 원하는 세월만큼 있을 보금자리는 없게 만든 것이 저희 세대의 잘못은 아닐는지……. 대한민국 집값은 한없이 올라가고 집 없는 이들의 고통은 끝없이 커져갑니다. 그만큼 우리 아이들이 살아갈 세상이 점점 더 힘들어진다는 뜻이겠지요. 기성세대로서 미안한 마음이 자꾸 드는 요즘입니다.

오늘의 한 문장···

I don't know when we can buy our own house.
언제쯤에나 우리 집을 살 수 있을지 모르겠다.

We've made a decision to buy our first home.

Buying a home is a big life-decision and we can't do it simply.

If we stay in the city, the house should be much smaller.

A larger apartment in a suburban area would be a good choice.

There are so many things to consider,

but we'll be homeowners, anyway.

우리의 첫 집을 사기로 결정했다.

집을 산다는 건 인생에서 큰 결정이고, 간단히 할 수는 없다.

계속 도시에 살자니 집은 훨씬 작아야 한다.

교외의 좀더 큰 아파트가 좋은 선택이 될 것이다.

고려할 것이 엄청 많지만 어쨌든 우리의 집을 갖게 된다.

 • • • 이것만은 기억해요

make a decision 결정하다 | **life-decision** 일생일대의 중대한 결정 | **simply** 간단하게 | **suburban** 교외 | **choice** 선택 | **consider** ~를 고려하다 | **homeowner** 주택 소유자 | **anyway** 어쨌든

없어도 걱정, 있어도 걱정입니다

직장인 입장에서는 근무하는 회사가 도심에 있으면 집은 보통 난제가 아닙니다. 전세든 자가든 집을 마련해 살아야 하는 사람들 입장에서 집은 생존의 문제이기도 합니다. 회사와 가까운 곳의 집값은 요샛말로 '넘사벽'이고, 외곽으로 나가자니 아침저녁으로 출퇴근 전쟁을 각오해야 하니까요. 저는 직장 문제로 지방으로 가면서 서울 전셋값으로 그곳의 작은 아파트를 살 수 있었습니다. 그덕에 젊어서 내 집을 갖게 돼 행운이라 여겼어요. 낡은 집이었지만 이사 걱정 없고 취향대로 집을 꾸밀 수가 있어 즐거웠습니다.

하지만 해마다 많아지는 세금, 크고 작은 수리에 들어가는 비용, 전세로 살 때와는 달리 집값이 그래도 좀 올랐으면 하는 소망, 기왕이면 학군도 좋았으면 하는 바람까지, 생각보다 모든 면에서 마음 편한 건 아니더군요. 근처에 규모가 큰 장애인을 위한 체육시설이 들어선다는데 일부 주민들이 쑤군대며 반대 의사를 표하기도 했습니다. 저는 교육자이므로 단연코 찬성했는데, 사람들은 어쨌거나 가장 큰 재산이 집이다 보니 온갖 관심이 집에 쏠려 있어서 그러더군요. 그러니 집은 없어도 걱정, 있어도 걱정입니다. 그래도 솔직히 집이 있어서 생기는 걱정이 낫지요, 말해 뭣해요!

오늘의 한 문장···

Buying a home is a big life-decision.
집을 산다는 건 인생에서 커다란 결정이다.

I believe that good table manners are important.

Once I had dinner with a woman and I couldn't stand her.

She kept talking with her mouth full.

When not talking, she chewed loudly with her mouth open.

Her table manners were truly unpleasant.

나는 식사 예절이 중요하다고 생각한다.

한 번은 어떤 여성과 저녁 식사를 했는데 참기 힘들었다.

입에 음식을 넣은 채 쉬지 않고 말을 했다.

말을 하지 않을 때는 입을 벌리고 큰 소리 나게 씹었다.

정말이지 그 사람의 식사 매너는 불쾌했다.

 • • • 이것만은 기억해요

I believe (that) 난 ~라고 믿는다, 생각한다 | **table manners** 식사 예절 | **have dinner** 저녁을 먹다 | **stand** ~를 참다 | **keep ~ing** 계속해서 ~하다 | **with one's mouth full** 입에 음식을 잔뜩 물고 | **chew** 씹다 | **loudly** 시끄럽게 | **with one's mouth open** 입을 벌리고 | **truly** 진짜로 | **unpleasant** 불쾌한

식탁에는 매너도 올립시다

먹는 것과 말하는 것. 둘 다 자기 입으로 자기가 하는 것이라지만 타인과 있을 때 두 가지를 동시에 하는 건 예의가 아닙니다. 입에 음식을 잔뜩 넣고 신나게 얘기를 하는 사람과 밥을 먹는 건 그리 유쾌하지 않아요. 먹으면서 동시에 말을 너무 많이 하는 사람과 식사하다 보면 나는 언제 숟가락을 들어야 할지 모르겠어요. 저 어려서 밥 먹을 때는 어른들이 후루룩, 쩝쩝거리는 소리를 못 내게 하셨어요. 가운데 놓은 요리를 누가 집을 때는 잠시 기다렸다가 제 몫을 가져가야 하고요. 제가 음식을 덜고 있는데 상대가 젓가락을 갖다대면 저는 손을 뒤로 뺍니다.

그게 옳다 그르다를 떠나 예절이란 그 사회가 공유하는 것이므로 우리의 식사 예절은 그렇다고 생각합니다. 멋진 옷을 입고 식견을 갖췄다는 명함을 든 사람이 테이블에서 내내 쩝쩝거리고 숟가락과 젓가락을 한 손에 들고 휘두르는데 속 좁은 저, 그분이 영 매력이 없더군요. 말 꺼낸 김에 잔소리 조금만 더 보탤게요. 식사할 때 밥만 먹지 말고 식탁에는 매너도 함께 올립시다!

오늘의 한 문장•••

I believe that good table manners are important.
나는 식사 예절이 중요하다고 믿는다.

Trolling happens everywhere online.

Trolls enjoy harming celebrities behind a veil of anonymity.

Their purpose is to shock someone

and to get reactions from people.

People in the public eye are people just like us.

They get hurt by malicious comments, too.

악플이 온라인 도처에 난무하고 있다.
악플러들은 익명이란 베일 뒤에서 유명인에게 해를 끼치며 즐긴다.
이들의 목적은 사람들에게 충격을 주고 사람들 반응을 보는 것.
공인들도 우리와 같은 사람이다.
악의에 찬 댓글에 그들 역시 상처를 받는다.

 ••• 이것만은 기억해요

trolling 악플을 다는 행위 | **everywhere** 도처에서 | **troll** 악플러 | **harm** ~에 해를 끼치다 |
celebrity 유명인, 연예인 | **veil** 베일 | **anonymity** 익명 | **purpose** 목적 | **shock** ~에게 충격
을 주다 | **reaction** 반응 | **people in the public eye** 공인, 널리 주목받는 사람들 | **get hurt**
다치다, 상처받다 | **malicious** 악의적인 | **comments** 댓글

익명 뒤에 숨은 악플러의 손가락

세상에서 제일 야비한 손가락은 악플러의 손가락이라고 생각해요. 영어로 악플러를 'troll'이라고 합니다. 스칸디나비아 신화 속에 트롤이라는 인물들이 있는데, 그중 심술쟁이가 있어 붙인 말이라네요. 근거도 없는 소문으로 유명인을 매장시키고 평범한 사람의 목숨을 끊게도 만드는 악플러의 손가락. 소셜 미디어 시대에 특별히 더 지켜야 할 예의가 있는데, 이들은 익명 뒤에 숨어 손으로 칼을 휘두르는 재미가 좋은 모양이에요. 햇빛 아래서 당사자와 마주치면 막상 한마디도 못할 거면서 음지로 들어가 손가락을 놀리는 인간 말종들이 문제입니다.

심지어 어린아이들을 향해서도 나쁜 손가락을 놀려대며 왕따를 시키기도 한답니다. 영어로 사이버불링cyberbullying이라고 하는데, 전염병보다 무섭다는 생각이 듭니다. 전염병은 마스크를 쓰고 거리두기를 하면 막을 수 있지만 악플러의 손가락은 막을 수가 없어요. 바로 옆자리에 앉아서도 사람을 파멸시킬 수 있으니까요. 악플 쓰고 엔터키 누르는 순간, 손가락이 잠시 굳었으면 좋겠네요.

오늘의 한 문장···

Trolling happens everywhere online.
악플이 온라인 도처에 난무하고 있다.

The pace of life is growing faster every day.

We are literally living in a world addicted to speed.

I feel like I'm being pushed into living in the fast lane.

I should slow down and set my own pace.

I just want to live a full life in the moment.

삶의 속도가 매일 점점 더 빨라진다.
우리는 말 그대로 속도에 중독된 세상에 살고 있다.
추월 차선에서 살도록 내몰린 기분이다.
속도를 늦추고 나만의 속도를 찾아야겠다.
지금 이 순간을 충만하게 살고 싶다.

 • • • 이것만은 기억해요

pace 보폭, 속도 | **grow [형용사]** ~해지다 | **literally** 문자 그대로, 말 그대로 | **addicted to** ~에 중독된 | **be pushed into** ~로 밀리다, 압력 받다 | **fast lane** 추월 차선, 고속 차선 | **slow down** 속도를 늦추다 | **set one's own pace** 나만의 속도를 찾다 | **full life** 충만한 삶 | **in the moment** 이 순간

* feel like [문장]은 형식을 갖춘 문서 외에는 실제로 많이 사용하는 표현임.

중요한 건 속도가 아니라 방향

저는 손가락에 굳은살이 생기도록 연필을 쓰다가 대학 때 수동 타자기를 썼습니다. 박사 논문을 초기 PC로 쓰면서 그 사용법을 익히느라 꽤나 진땀을 뺐지요. 이후로도 계속 컴퓨터를 썼기에 같은 세대 사람들에 비해 발전하는 기기들을 빨리 사용해왔어요. 인류 최초의 스마트폰도 제일 먼저 쓴 사람 중 하나입니다. 나름 변화하는 시류에 맞춰 사느라 애썼는데, 요즘은 자고 일어나면 새로운 기술이 나오니 갈수록 어렵네요. 교실에서도 워드나 PPT를 넘어 이미지와 동영상으로, 또 각종 교육용 멀티미디어가 사용되는데 이런 매체 또한 매우 신속하게 바뀌고 있습니다.

앞으로의 세상은 증강현실로 이루어진 메타버스와 현실이 공존할 거라고 하죠. 저는 기대보다는 두려움이 더 커요. 과연 내가 그 변화를 따라갈 수 있을지, 또 이런 변화를 다 따라가며 살아야 하는 건지 여러 생각이 듭니다. 그러나 속도에 쫓겨, 또는 남을 따르느라 가야 할 방향을 잃고 싶지는 않아요. 내가 가야 하는 삶의 끝을 염두에 두고 지금을 바라보려 합니다. 경주자들의 대열 밖으로 내던져진 사람의 핑계일지 모르지만.

오늘의 한 문장···

I just want to live a full life in the moment.
지금 이 순간을 충만하게 살고 싶다.

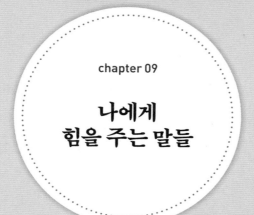

chapter 09

나에게
힘을 주는 말들

Augie in *Wonder* is a boy who is bullied for being different.

After 27 operations on his face, he didn't look normal.

The book has some famous quotes that I want to share.

"When given the choice between being right

and being kind, choose kind."

"It's not enough to be friendly. You have to be a friend."

《원더》에 나오는 어기는 남과 다르다는 이유로 왕따를 당하는 소년이다.

27회에 걸쳐 안면 수술을 받았으나, 정상적으로 보이지 않는다.

이 소설에는 나누고 싶은 유명한 인용구가 나온다.

"옳은 것과 친절한 것 중 하나를 택해야 한다면 친절함을 택하라."

"친근한 것으로는 부족하다. 친구가 돼야 한다."

 •••이것만은 기억해요

wonder 신기함, 놀라운 것 | be bullied for ~로 인해 따돌림(괴롭힘) 당하다 | for being different 다르다는 이유로 | operation 수술 | normal 정상적인 | famous 유명한 | quote 인용구, 명언 | share ~를 나누다, 공유하다 | choice 선택, 선택권 | between [A] and [B] A와 B 중에서 | not enough 충분치 않은 | friendly 다정한

다르다고 차별할 권리는 없다

초등학교 운동장에서 장애가 있는 어떤 아이를 이유 없이 때리는 녀석을 쫓아가 혼낸 적이 있어요. 때린 아이도 저학년 아이였어요. 꾸짖으면서 교장실로 가자고 했더니 부리나케 도망가더군요. 맞은 아이에게 너도 저항하라고, 맞았으면 선생님께 꼭 말씀드리라고 다독였는데 이미 체념한 눈빛이 슬펐습니다. 으레 그러려니 익숙해진 모양이더군요. 20년도 더 된 일이지만 아직 기억에 생생한 것은 그 아이의 눈빛 때문입니다.

R. J. 팔라시오R. J. Palacio의 소설 《원더Wonder》는 세계적인 베스트셀러인데요. 가족들에게 큰 사랑을 받는 안면기형 소년 어기Augie가 홈스쿨링을 하다가, 드디어 중학교에 입학해 아이들과 섞이며 겪는 수난과 도전을 담은 수작입니다. 목이 메어 차마 페이지를 넘기기 힘든 부분도 있습니다. 생긴 모습이 다르다는 이유로 상대를 경멸할 권리가 우리에게 있을까요? 겉모습을 제외하곤 아무런 차이가 없는 사람을 동정하는 게 과연 옳은 일일까요? 여러 가지 생각을 하게 하는 작품입니다.

오늘의 한 문장···

When given the choice between being right and being kind, choose kind.
옳은 것과 친절한 것 중 하나를 택해야 한다면 친절함을 택하라.

I love Michelle Obama, the former First Lady of the U. S.

I love her because she confidently has faced all of the challenges.

Wasn't it fascinating when she said,

"When they go low, we go high."?

It means that if someone is cruel, you don't stoop to their level.

Most of all,

I love her because she makes us feel she is our friend.

나는 전직 미국 대통령의 부인인 미셸 오바마를 좋아한다.
어려움을 만날 때마다 당차게 맞섰기에 그 사람이 좋다.
"그들이 비열하게 굴어도 우리는 품위를 지킵시다"라는 말, 멋지지 않던가?
상대가 못되게 굴어도 그들과 같은 수준으로 떨어지지 말자는 뜻이다.
무엇보다 친구 같은 느낌이 들게 해서 그녀가 좋다.

 •••이것만은 기억해요

former 전직, 예전의 | **the First Lady** 영부인 | **confidently** 당당하게 | **face** ~을 마주하다 |
fascinating 매혹적인 | **go low** 비열하게 굴다 | **go high** 고상하게 행동하다 | **cruel** 잔인한 |
stoop 내리다, 굽히다 | **to one's level** ~의 수준으로 | **most of all** 무엇보다 | **make [A] feel**
A가 ~한 것 같은 기분이 들게 해주다

그들은 비열해도, 우리는 품위 있게

어린 시절의 가난과 고통을 극복하고 사람들에게 영향을 주는 위치에 오른 사람은 이유를 불문하고 존경스럽습니다. 어린 시절의 가난을 겪고도 부자가 된 사람은 많지만 성공한 뒤 자신의 경험을 토대로 남을 돕는 사람은 많지 않아요. 마치 처음부터 부자였던 것처럼 굴면서 사회적 약자와 섞이지 않는 사람도 많으니까요. 그러나 미셸 오바마Michelle Obama는 그런 사람이 아닙니다. 아프리카계 미국인으로서는 최초로 미국 대통령이 된 버락 오바마Barack Obama의 부인이기 때문이 아니라, 본인 자체의 훌륭함 때문에 지금도 많은 사람들에게 존경을 받습니다.

미셸 오바마의 가장 큰 장점은 동네 친구 같은 소탈함이에요. 누구에게나 친근한 그 태도는 상대가 약자든 강자든 편견을 갖지 않기 때문에 가능하겠지요. 흑인으로, 여성으로 부딪혔을 수많은 장벽을 뛰어넘어 이제 세상에서 가장 영향력 있는 여성이 된 미셸 오바마. 그 선한 영향력이 소외 받는 약자들에게 더욱더 많이 미치기를 기대합니다.

오늘의 한 문장 · · ·

When they go low, we go high.
그들이 비열하게 굴더라도 우리는 품위를 지킵시다.

Marian Anderson was an African American classical singer.

Her beautiful and powerful voice is still echoing through history,

but she could not find music schools in her hometown

because they did not accept her as a student.

She also was a brave person to support the civil rights movement.

매리언 앤더슨은 미국 최초의 아프리카계 미국인 성악가이다.

그녀의 멋지고 힘찬 목소리는 아직도 역사에 울려퍼지고 있다.

그러나 그녀는 자신의 고향에서는 음악 학교에 들어가지 못했는데

그곳에서 학생으로 받아주지 않았기 때문이다.

그녀는 또한 인권 운동을 지지한 용감한 사람이었다.

 • • • 이것만은 기억해요

African American 아프리카계 미국인(=black American) | **classical singer** 성악가 |
powerful 힘찬 | **voice** 목소리 | **echo** 울리다 | **history** 역사 | **music school** 음악 학교 |
hometown 고향 | **accept** ~를 받아들이다 | **student** 학생 | **brave** 용감한 | **support** ~를 지
지하다 | **the civil rights movement** 인권 운동

당신이 누군가를 얕잡아본다면

"당신이 누군가를 깔본다면 당신도 그를 잡아 누르고 있느라 날지 못합니다. (As long as you keep a person down, some part of you has to be down there to hold him down, so it means you cannot soar as you otherwise might.)" 1920~1950년대 세계 무대에서 활동한 미국의 성악가 매리언 앤더슨Marian Anderson의 말이에요. 이분은 당시로서는 거의 찾아볼 수 없었던 아프리카계 미국인 여성 성악가입니다. 미국에서 인권 운동이 일어나 인종 차별 개선 움직임이 있었던 때가 1960~1970년대인데, 그 이전 시대에 살았던 분입니다. 앤더슨은 흑인 최초로 메트로폴리탄 오페라 극장에 선 가수라는 명예도 얻었어요. 그동안 겪은 고통이 어떠했을지 감히 상상이 안 갑니다.

비단 인종 차별뿐이겠습니까? 어느 사회에서든 다수와 다르면 깎아내리고 소외시키는 차별이 존재하잖아요. '뭔가를 발로 누르면 자기 발도 못 움직인다'는 말의 의미는, 타인을 무시하면 자신도 결국 그 차별의 대가를 치르게 된다는 사실을 에둘러 말하는 게 아닌가 합니다. 인터넷에 여성을 격하게 비하하는 글을 써대던 사람이 좋은 직업을 갖게 됐는데, 그 사실이 들통나 취업이 취소된 예가 바로 그런 경우 아닐까요? 모두들 한 번쯤 새겨들어볼 말입니다.

오늘의 한 문장•••

Her beautiful and powerful voice is still echoing through history.
그녀의 멋지고 힘찬 목소리는 여전히 역사에 메아리치고 있다.

If you are wrong, admit it quickly.

Don't try to defend yourself.

That's a more tactful way to handle a difficult situation.

Others will criticize you for your mistake, but take it.

You will actually feel liberated when doing so.

틀렸으면 재빨리 인정하라.
자신을 두둔하려 애쓰지 마라.
이는 어려운 일에 대처할 때 더 효과적인 방법이다.
다른 이들이 실수에 대해 비난할 테지만 받아들여라.
그렇게 하고 나면 실제로는 해방된 기분이 들 것이다.

 • • • 이것만은 기억해요

admit ~를 인정하다 | **quickly** 신속하게 | **defend** ~를 옹호하다 | **tactful** 요령 있는, 능숙한 |
handle ~를 처리하다 | **situation** 상황 | **criticize** ~를 비난하다 | **mistake** 실수 | **take it** 받
아들이다, 참다 | **actually** 실제로는 | **liberated** 해방된, 짐을 덜게 된

틀렸으면 재빨리 인정하라

일을 하다 보면 실수를 합니다. 내가 할 수도 있고 남이 할 수도 있지요. 이때 가장 마땅찮은 경우는 당사자가 실수를 부정하거나 변명할 때입니다. 그렇게 하면 그 순간을 모면할 수는 있겠으나 사람들은 다시는 그 사람과 일하고 싶어 하지 않아요.

저도 비슷한 경험을 한 적이 있습니다. 명백하게 저와 출판사의 허가를 받지 않고 제 책의 3분의 2를, 그것도 인용 표기도 없이 자신의 웹사이트에 베껴놓고 는 사과도 하지 않고 자기네가 그 책을 홍보해준 셈이라는 둥, 직원이 그렇게 했다는 둥 변명을 늘어놓더군요. 사실 이 경우는 실수 정도가 아니라 범법 행위입니다. 결국 저작권 위반에 관한 법적 절차에 들어간다고 통보를 하자 그제 서야 자료를 내리더군요. 비난 받을 순간이 두려워 수를 쓰니, 당장은 힘들더 라도 자신이 틀렸다면 빨리 잘못을 인정하고 사과하는 것이 좋아요.

"싸우면 제대로 얻지 못하나 포기하면 예상보다 얻는 게 많다.(By fighting, you never get enough, but by yielding, you get more than you expected.)"
인간관계론으로 유명한 데일 카네기Dale Carnegie의 말, 절대 동의합니다.

오늘의 한 문장•••

If you are wrong, admit it quickly.
틀렸으면 재빨리 인정하라.

"I hope you feel things you have never felt before.

I hope you meet people with a different point of view.

I hope you live a life you're proud of.

If you find that you're not,

I hope you have the strength to start all over again."

"전에는 느끼지 못했던 걸 느껴보길.
다양한 생각을 가진 사람들을 만나보길.
너 스스로를 자랑스러워하는 삶을 살았으면 좋겠구나.
하지만 그렇지 못함을 알게 되면,
처음부터 다시 시작할 힘을 갖게 되길 바란다."

 ···이것만은 기억해요

I hope [문장] ~하기 바라다 | different 다른 | point of view 견해 | a life (that) you're proud of 네가 자랑스러워할 삶 | strength 힘 | start all over again 처음부터 다시 시작하다

230

스스로에게 자랑스럽게 살기를

스콧 피츠제럴드Scott Fitzgerald라는 미국 작가의 이름은 몰라도, 그의 대표작《위대한 개츠비 The Great Gatsby》는 워낙 유명해서 다들 알고 있을 겁니다. 영화 〈벤자민 버튼의 시간은 거꾸로 간다 The Curious Case of Benjamin Button〉도 원작은 스콧 피츠제럴드의 소설입니다. 이 작품에는 노인의 모습으로 태어나 점점 젊어지다가 마침내 소년으로 생의 끝을 향해 가는 주인공이 나와요. '시간은 하나의 방향으로만 흐르는 것일까?', '나이가 든다는 것은 무엇일까?' 등의 주제를 담고 있는 인상 깊은 작품입니다.

그런데 이런 거창한 주제보다 제 마음을 끈 것은 주인공이 사랑하는 여인과 함께 늙어가지 못하는 비참함을 토로하는 부분이었어요. 젊고 어려지는 자신과는 반대로 점점 늙어가는 아내, 그리고 그 모습을 지켜봐야 하는 주인공. 결국 그는 사랑하는 아내를 두고 떠납니다. 그 뒤로 어느 한 장소에 머물지 못하고 세상을 떠돌며 사는데, 그럼에도 불구하고 딸의 생일마다 정성껏 편지를 보냅니다. 왼쪽 페이지의 영어 문장은 긴 편지의 일부만 옮겨온 것인데 부모로서 자식에게 하고 싶은 말이 들어 있네요.

오늘의 한 문장•••

I hope you live a life you're proud of.
너 스스로를 자랑스러워하는 삶을 살았으면 좋겠구나.

I love you without knowing how, or when, or from where.

I love you straightforwardly, without complexities or pride.

I love you because I know no other way.

어떻게 언제 어디서부터인지 모르지만 그대를 사랑합니다.

있는 그대로 복잡할 것도 없고 자존심도 없이 그대를 사랑합니다.

이 외에는 어찌할 도리가 없어 그대를 사랑합니다.

 ···이것만은 기억해요

without knowing ~을 모르는 상태로 | **straightforwardly** 솔직하게, 분명하게 | **without complexities** 따지지 않고 그저, 복잡할 것 없이 | **pride** 자존심 | **other way** 다른 길, 방법

그대를 사랑합니다

로빈 윌리엄스Robin Williams가 주연한 〈패치 아담스Patch Adams〉는 실존 인물인 헌터 아담스Hunter Adams라는 의사의 일생을 다룬 영화입니다. 우울과 자살 충동을 겪었던 주인공 아담스는 이를 극복하고 늦깎이 의사가 되어 환자들의 죽음을 막아야 한다는 사명감을 갖게 됩니다. 하지만 기발하고 창의적인 돌출 행동 때문에 권위적인 의료계에서 이단아 취급을 받아요. 게다가 사랑했던 여인이 정신질환자에게 죽임을 당하자 심한 죄책감에 시달립니다. 자신이 하는 일에 동참했다가 그녀가 참변을 당했기 때문이지요.

이 영화에서 아담스가 연인에게 읽어주려다 어떤 이유로 제대로 읽지 못한 시가 나와요. 칠레를 대표하는 대문호 파블로 네루다Pablo Neruda의 연작시 중 17편입니다. 애절한 사랑을 담은 이 노래는 전 세계 사람들의 사랑을 받고 있는데, 특히 결혼식에서 신랑 신부가 많이 읽는답니다. 원시가 스페인어라 저는 영어로 번역된 것을 옮기는데, 우리말로 번역해도 아름답네요. 극히 일부지만 왼쪽 페이지에 짧게나마 소개할게요. 그야말로 '사랑밖에 난 몰라!', 파블로 네루다는 칠레 심수봉인가 봅니다.

오늘의 한 문장•••

I love you because I know no other way.
이 외에는 어찌할 도리가 없어 그대를 사랑합니다.

Christina Grimmie was a talented singer who died young.

She once talked about what confidence is,

"Confidence is, I'll be fine if they don't like me."

I agree. It doesn't matter what others think of me.

I don't need everyone to love me.

크리스티나 그리미는 요절한 재능 있는 가수였다.
언젠가 자신감에 관해서 말한 적이 있다.
"자신감이란 그들이 날 좋아하지 않아도, 난 괜찮은 거예요."
맞다. 남이 나를 어떻게 생각하는지는 중요하지 않다.
세상 사람들이 다 나를 좋아하지 않아도 된다.

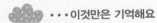 ···이것만은 기억해요

talented 재능 있는 | **die young** 젊은 나이에 죽다 | **once** 한번은, (과거의) 한때 |
confidence 자신감 | **agree** 동의하다 | **matter** 중요하다 | **what others think of** ~에 대한
타인의 생각 | **need [A] to [동사]** A가 ~하게 시키다

나를 좋아하지 않는다 해도

자신감 있는 사람을 관찰해보세요. 그들은 일희일비하지 않아요. 감정적이지 않고, 그렇다고 둔감하지도 않습니다. 단호하지만 거만하지 않고, 사람들에게 사랑받고 인정받아서인지 안정되고 평화로워 보입니다. 그 사랑과 관심이 자신감을 갖게 한 것일까 싶지만, 그렇다고 타인의 관심을 받는 데 연연하지 않습니다. 사람들이 나를 좋아하지 않을까 봐 불안한가요? 그렇다면 자신을 돌아봐야 할 때예요. 내가 상대의 사랑을 받을 만하지 못하다고 느껴서 내면의 자신감이 없어서일 수 있거든요. 사랑을 갈구할 게 아니라 스스로 당당하게 서는 것이 먼저입니다.

크리스티나 그리미 Christina Grimmie 는 안타깝게도 스물두 살에 살해당한 실력파 작곡가이자 가수인데, 그녀가 남긴 자신감에 대한 정의가 멋집니다.

"자신감이란 사람들이 나를 좋아할 거란 확신이 아닙니다. 도리어 그들이 날 좋아하지 않아도 상관없다고 생각하는 거예요."

누가 나를 마음에 들어하지 않는다고 조바심 내지 마세요. 나를 싫어하는 사람이 있는 건 너무나 당연해요. 그대가 모든 사람을 다 좋아하지 않는 것처럼.

오늘의 한 문장•••

I don't need everyone to love me.
세상 사람들이 다 나를 좋아하지 않아도 된다.

At work, some people are just takers.

They only try to get as much as possible from others.

Some are givers who are always willing to help others.

They don't expect anything in return for it.

According to Adam Grant, the givers are most successful.

직장에서 어떤 사람은 받기만 한다.

그들은 최대한 남으로부터 많은 걸 얻으려고 한다.

어떤 사람은 항상 기꺼이 남을 돕고 베풀며 산다.

그들은 그에 대한 보상으로 뭔가 받고자 기대하지 않는다.

애덤 그랜트에 의하면 베푸는 자가 가장 성공한다.

 •••이것만은 기억해요

at work 직장에서 | **taker** 얻는 자, 뺏는 자 | **as much as possible** 가능한 한 많이 | **others**
다른 사람들 | **some** 일부(사람, 사물 모두) | **giver** 주는 자, 베푸는 자 | **be willing to [동사]**
기꺼이 ~하다 | **expect** ~을 기대하다 | **in return for** ~에 대한 보답으로 | **according to** ~에
따르면 | **successful** 성공적인

베푸는 사람과 받기만 하는 사람

제가 존경하는 어느 선배님은 선물하기를 참 좋아합니다. 과일 수백 상자, 지역 상인의 무명 제품 수백 개를 사서 지인들에게 선물로 보내는데 어려운 농가와 상인을 돕기 위해서라고 말합니다. 부자이지만 그의 사전에 사치란 없고 누군가를 돕는 일에만 과소비를 합니다. 저는 그 선배를 포함해 많은 사람들을 오랫동안 만나며 성공한 사람들에게서 어떤 공통점을 발견했어요. 그건 바로 '남에게 잘 베푼다'는 점입니다. 그리고 애덤 그랜트Adam Grant의 저서 《기브 앤 테이크Give and Take》를 읽고 나서 제 관찰이 틀리지 않았음을 확인했어요. 애덤 그랜트는 책에서 이렇게 말해요.

"직장에는 얻기만 하는 자taker, 얻은 만큼 갚는 자matcher, 그리고 무조건 주는 자giver, 이렇게 세 부류가 있다. 그런데 이 중에서 성공 사다리의 맨 꼭대기에 오르는 것은 계산 없이 베푸는 사람들, 무조건 주는 자giver이다."

경험해보니 받기만 하는 사람은 결국엔 사람들 사이에서 내쳐지더군요. 반대로 베푸는 사람은 처음에는 손해를 보는 것 같지만 나중에 결국 큰 보상을 받아 성공했어요. 성공한 사람은 늘 소수이니, 베푼다는 게 그만큼 어렵다는 뜻인가 합니다.

오늘의 한 문장···

The givers are most successful.
베푸는 자가 가장 성공한다.

Being optimistic is believing that good things will happen,

even though your situation looks very challenging.

Being too optimistic can lead to unrealistic expectations.

It's easily confused with being positive.

Being positive is focusing on and clarifying the problems at hand.

낙관은 좋은 일이 생길 거라고 막연히 믿는 것이다.

상황이 몹시 힘들어 보여도 말이다.

지나친 낙관은 비현실적인 기대감으로 이어질 수 있다.

이는 긍정이라는 말과 자주 혼동을 일으킨다.

긍정은 당장의 문제에 집중하고 (현안을) 파악하는 것이다.

 • • • 이것만은 기억해요

optimistic 낙관적인 | **happen** 생기다 | **even though** 비록 ~일지라도 | **situation** 상황 | **challenging** 어려운 | **lead to** ~로 이어지다 | **unrealistic** 비현실적인 | **expectation** 기대 | **easily** 쉽게 | **be confused with** ~와 혼동되다 | **positive** 긍정적인 | **focus on** ~에 집중하다 | **clarify** ~를 분명히 하다 | **at hand** 당장의, 가까이의

긍정과 낙관은 다르다

스톡데일 패러독스stockdale paradox라는 말이 있습니다. 베트남 전쟁 포로였다가 살아남은 미군 장교 제임스 스톡데일James Stockdale의 증언 후 비롯된 말이에요. 그에 따르면 이상하게도 포로들 가운데 곧 석방될 거라 낙관하던 병사들은 긴 감옥 생활을 견디지 못하고 죽었다고 합니다. 하지만 현실을 받아들이고 감방에서 팔굽혀펴기라도 하며 견딘 병사들은 고통을 이겨내고 마침내 석방됐다고 하더군요. 무조건 '낙관적'인 사람들은 기대가 무산될 때마다 실망을 거듭해 죽었지만, 스톡데일처럼 살아남은 자들은 그런 기대를 애초에 품지 않았다고 합니다. 긍정이란 수긍한다는 뜻이며, 그것은 자신이 처한 상황의 어려움을 인정하고 받아들이는 것입니다. 인정하는 가운데 조금이라도 나은 점을 기반으로 무언가 할 수 있는 노력을 기울일 때 '긍정적'이라고 표현합니다.

자꾸 좋아질 거라는 헛된 꿈, 즉 근거 없이 낙관적인 태도로는 어떤 문제도 해결하지 못해요. 그러므로 곤경에 처한 사람에게 기다리면 잘될 거라는 응원은 의미가 없습니다. 지금 얼마나 어려운지 공감해주고, 그 가운데에서 힘들지만 새로운 노력과 시도를 모색하게 해야 합니다. 긍정적positive인 것과 낙관적optimistic인 것. 비슷해 보이지만 이 두 가지 삶의 태도는 이렇게 전혀 다릅니다.

오늘의 한 문장···

Being too optimistic can lead to unrealistic expectations.
지나친 낙관은 비현실적인 기대감으로 이어질 수 있다.

chapter 10

아이를 키우며
어른이
되어간다는 것

Why is it hard to accept that I am getting old?

I see deep wrinkles under my eyes in the mirror.

I know I have made those wrinkles by laughing, after all.

A study shows that people with wrinkles

around their eyes look friendly.

Eye wrinkles, therefore, can be signs of a happy life.

왜 내가 늙어간다는 걸 받아들이기 힘든 걸까?
거울을 보니 눈가에 깊은 주름이 보인다.
결국 내가 웃어서 만든 주름이라는 것을 알고 있다.
한 연구에 의하면 눈가 주름이 있는 사람이 친근해 보인다고 한다.
그러므로 눈가 주름은 행복한 삶의 표시이기도 하다.

 ・・・이것만은 기억해요

accept (the fact) that ~(라는 사실)을 받아들이다, 인정하다 | **get old** 나이가 들다 | **deep** 깊은 | **wrinkle** 주름 | **make wrinkles by** ~해서 주름을 만들다 | **after all** 결국 | **study** 연구 | **show that ~** ~임을 보여주다 | **friendly** 친근한 | **therefore** 그러므로 | **sign** 표시, 징표

주름은 있어도 마음은 안 늙어요

나이가 들면 지혜로워진다고 하는데 다 그런 건 아닌가 봅니다. 가끔은 착각하고, 주제 파악 못 하는 제 모습에 놀라곤 하거든요. 예를 들면, 저는 사람들이 저를 나이만큼 늙게 보지 않는 줄 알아요. 그랬다가 도처에서 어르신 대접을 받으면 감사하면서도 '어떻게 내가 늙은 걸 알지?' 하는 생각이 들어요. 아주 자주 그런다는 게 코미디지 뭐예요. 이마와 눈가에 그렇게 선명한 주름을 달고 나가서 어찌 그런 착각을 하는지, 이 착각은 잘 고쳐지지도 않아요.

그런데 캐나다의 웨스턴대학Western University 연구에 의하면, 노인의 눈가 주름은 친근해 보이고 좋은 이미지를 준다고 합니다. 눈가 주름은 많이 웃어서 생기는 것이라 그런가 봐요. 그렇다면 감사한 일입니다만, 한 가지 알려드릴게요. 나이 들어 온 얼굴에 주름 도랑이 파여도 마음속까지 완전히 늙는 사람은 없습니다. 이유는 간단해요. 마음은 단단히 방부 처리되어 늙지 않기 때문입니다. 주책이지만 마음은 도통 안 늙는 걸 어쩌겠습니까.

오늘의 한 문장···

I see deep wrinkles under my eyes in the mirror.
거울을 보니 눈가에 깊은 주름이 보인다.

My husband and I were busy raising our kids.

We believed it was the most sacred duty.

One day I found my husband old and not attractive anymore.

Still, I find it comfortable being together with him.

All I want to do is grow old with him for the rest of my life.

남편과 나는 아이들을 키우느라 바빴다.
우리는 육아가 가장 신성한 의무라고 믿었다.
어느 날 보니 남편은 늙고 더 이상 잘생기지 않았더라.
그래도 여전히 남편과 함께 있는 것이 편안하다.
남은 인생을 남편과 함께 늙어가기를 바랄 뿐이다.

 • • • 이것만은 기억해요

be busy ~ing ~하느라 바쁘다 | **believe (that)** ~이라 믿다 | **sacred** 신성한 | **duty** 의무 |
one day 어느 날 | **find [A] [형용사]** A가 ~함을 알게 되다 | **attractive** 매력적인, 외모가 멋진
| **still** 여전히 | **comfortable** 편안한 | **be together with** ~와 함께 있다 | **all I want to do is**
내가 바라는 건 ~뿐이다 | **for the rest of** ~의 나머지

편안하게, 함께 늙어가기

분명 처음에는 이렇지 않았는데, 한 해 두 해 지날수록 조금씩 두꺼워지더니 삼겹 방탄복이 복부에 빌트인됐습니다. 그뿐만 아니라 머리를 덮는 새치, 얼굴 구석구석에 자리잡은 주름……. 전에는 씩씩하더니 요새는 자꾸 손사래 치며 그냥 가만히 있자고 합니다. 세월의 풍파를 맞고 늙어가는 중년 남편들 얘기입니다. 그런데 남편만 어디 늙겠습니까? 아내들의 생기 넘치고 예쁘던 얼굴은 어디론가 가버리고 푸석푸석한 피부와 대충 빗은 머리로 앉아 있네요. 교양은 어디 두고 아무 데서나 큰 소리로 말하곤 합니다. 사느라고, 살아내느라고 몸과 마음이 지치고 관심사야 온통 자식뿐이니 남편도 아내도 자신을 돌보지 않아 젊어서의 모습은 빛바랜 사진이나 전설로 남았네요.

그런데 이상한 건 함께 늙어가다 보니 외모가 못나져도, 태도가 촌스러워도 괜찮습니다. 그냥 편안해요. 처음 만났을 때처럼 서로에게 멋지게 보이려고 계속 마음을 써야 한다면 얼마나 일상이 힘들겠어요? 함께 있으면 편안한 존재로 늙어가기. 나이 들어봐야 알 수 있는 삶의 중요한 목표랍니다.

오늘의 한 문장•••

All I want to do is grow old with him for the rest of my life.
남은 인생을 남편과 함께 늙어가는 것이 내가 바라는 전부다.

My grandma enjoys modern hip-hop.

She often calls me to talk about our favorite singers.

She thinks switching between singing and speaking is fun.

She is always staying trendy and very stylish, even at home.

I wish I could grow old like my amazing grandma.

우리 할머니는 모던 힙합을 즐기신다.

우리가 좋아하는 가수 얘기를 하려고 가끔 내게 전화하신다.

노래가 중간에 말로 바뀌는 게 재밌다고 생각하신다.

항상 유행을 따르고, 집에서조차 세련된 모습으로 계신다.

나도 멋진 우리 할머니처럼 늙고 싶다.

 ···이것만은 기억해요

modern 현대적인 | **hip-hops** 힙합 | **call** ~에게 전화하다 | **favorite** 선호하는 | **switching between** ~ 사이의 전환 | **fun** 재미있는 | **stay [형용사]** ~한 상태를 유지하다 | **trendy** 최신 유행의, 시류(트렌드)에 맞게 | **stylish** 세련된 | **even** 심지어 | **amazing** 멋진

젊은 어르신들의 시대

요즘 환갑은 예전에 말하던 환갑과 느낌이 달라요. 1990년대만 해도 환갑잔치가 있어서 60세 생일 맞은 부모님 모시고 자식들이 큰 파티를 했답니다. 그런데 요새는 외모나 생각이 40대나 50대와 크게 다르지 않은 60대가 많습니다. 고등교육을 받은 사람들이 많고, 여성의 사회 진출이 본격적으로 시작된 시대를 살아서 지금까지도 경제활동을 하고 있기 때문입니다.

어디 60대뿐인가요. 70대, 80대도 이전의 노인분들과 비교하면 훨씬 젊습니다. 제 주변만 보아도 매일 수영을 하는 건강한 90대, 책을 써서 출간한 멋진 80대가 계십니다. 유튜브 활동으로 엄청난 수의 구독자를 보유한 어르신들도 계시다고 들었어요.

예전의 노인들은 몸이 아파 누워 있고, 몸이 건강해도 그저 시간 보낼 소일거리나 찾았어요. 손주들 보는 재미로 사는 게 전부여서 혹시 오늘 자식들이 오지 않나 내내 기다리는 일이 노년의 삶이었는데, 이제는 달라졌어요. '늙음 표시'가 나는 연령이 이전보다 훨씬 높아졌다고나 할까요? 바야흐로 젊은 어르신들의 시대입니다. 오늘의 영어 문장은 멋쟁이 할머니를 자랑하는 손녀의 이야기입니다.

오늘의 한 문장···

I wish I could grow old like my amazing grandma.
나도 멋진 우리 할머니처럼 늙고 싶다.

It might sound like bragging, but I have a nice mother-in-law.

I understand that some in-laws are crazy.

It is said that getting along well with in-laws is nearly impossible,

but my mother-in-law and I show each other respect and love.

How blessed I am to have such a wonderful mother-in-law!

자랑으로 들리겠지만 나는 좋은 시어머니를 만났다.

이상한 시댁 식구들이 있다는 걸 안다.

시댁 식구들과 잘 지내는 것은 거의 불가능하다고들 한다.

하지만 우리 시어머니와 나는 서로 존중하고 아낀다.

이런 좋은 시어머니를 둔 나는 얼마나 행운인지!

 ···이것만은 기억해요

sound like ~처럼 들리다 | **brag** ~를 자랑하다 | **mother-in-law** 시어머니, 장모 | **in-laws** 결혼으로 맺어진 가족, 친척들 | **crazy** 이상한, 괴팍한 | **it is said that** ~라고들 말한다 | **get along well with** ~와 잘 지내다 | **nearly** 거의 | **impossible** 불가능한 | **respect** 존중 | **be blessed** 축복을 받다

좋은 시댁으로 플렉스!

결혼한 여성이 시부모님과 관계가 좋다는 건 축복입니다. 흔한 일이 아니란 뜻이지요. 편안하게 지내는 게 이상적인데 현실이 어디 그런가요? 각고의 노력을 기울여야 가능합니다. 고부가 서로 예의 갖춘 선물을 해야 하고, 조심스러운 말투가 시간이 가도 달라지지 않는다면 그건 편안한 게 아니지요. 자식의 배우자를 심적으로 힘들게 하면 내 자식과 멀어진다는 사실을 어른들이 어서 아셔야 할 텐데요.

하지만 시대가 달라지고 세대가 바뀌다 보니 고부 문화에도 긍정적인 변화가 느껴집니다. 고부 사이인데도 친모녀 사이처럼 지내는 경우를 종종 봐요. 언젠가 식당에서 한 여성이 연세 지긋한 분에게 "엄마, 엄마" 하기에 당연히 친정엄마겠지 생각했는데, 나중에 시어머니라 해서 놀랐던 적이 있어요. 어떤 시어머니는 부부 갈등이 생기면 아들을 혼낸답니다. 아이를 봐주면서 멋진 호텔을 예약해 아들 내외에게 휴가를 선물한 시부모도 보았어요.

시댁으로 자랑, 요즘 말로 '플렉스'할 만하지요? 이런 시댁이 점점 많아지면 좋겠습니다. 오늘은 시댁 자랑, 영어로 해볼까요?

오늘의 한 문장···

My mother-in-law and I show each other respect and love.
시어머니와 나는 서로 존중하고 아낀다.

We visit my husband's parents every single weekend.

My parents-in-law expect us to see them once a week.

It is such a big deal to drive an hour with two little kids.

I don't think anyone should feel obliged to visit their parents.

How do I break away from this situation?

우리는 매주 남편의 부모님을 뵈러 간다.
시부모님은 우리가 일주일에 한 번 찾아오기를 기대하신다.
어린아이 둘을 데리고 한 시간 동안 운전하는 건 보통 일이 아니다.
누구든 부모를 억지로 뵈러 가는 건 아니라고 생각한다.
이 상황에서 어떻게 벗어나야 할까?

 •••이것만은 기억해요

visit ~을 방문하다 | every single 한 번도 빼놓지 않고 | expect [A] to [동사] A가 ~하기를 기대하다 | parents-in-law 시부모님, 장인 장모님 | once a week 일주일에 한 번 | such a big deal 매우 번거로운 일 | be obliged to [동사] 의무로 여겨 ~하는, ~하는 것이 의무가 된 | break away from ~로부터 벗어나다 | situation 상황

효도라는 이름의 압박

"그래도 일주일에 한 번은 만나야 하지 않아요?" 지인이 자기 아들 결혼하면 그런다기에 제가 "왜요?" 하고 쏘아붙였어요. 그분 말씀은, 가족이기 때문에 그래야 한다네요. 가까운 사람이 아니라 그 이상 따지지는 못했는데 생각할수록 부담스러운 노릇입니다. 아이들도 주말에 쉬어야지 어떻게 매주 부모에게 갑니까? 부모님에 대한 사랑과 존경은 당연하지만 내가 힘들 때는 가끔 부담스럽고 그런 겁니다. 배우자 가족과 이 문제로 갈등이 생기는 경우도 흔하지요. 주말에나마 쉬고 싶은데 부모님은 손자 손녀를 보시기 위해, 또는 건강이 좋지 않다는 이유로 자식들이 오기를 원하십니다. 내가 쉬겠다는 이유로 거절할 수 없으니 편치 않은 심정으로 집을 나서지만, 이것이 진짜 효도일까요?

사실 저는 경험이 없습니다. 저희가 젊었을 때 타향에 살아서 명절에만 간신히 뵀거든요. 지인들의 압박효도 고충에 대해 들으면서 "이다음에 우리는 자식들에게 그러지 맙시다"라고 서로 약속했네요. 효도와 사생활, 일명 효라밸 선 긋기가 쉽지 않지요? 아이가 아직 미혼이라 모르겠으나 저희 부부는 자식 내외와 자주 안 보고 살 작정이에요. 자발적으로 온다면 모를까, 일부러 부를 생각은 없습니다. 나도 바쁘다, 애들아!

오늘의 한 문장•••

I don't think anyone should feel obliged to visit their parents.
누구든 부모를 억지로 뵈러 가는 건 아니라고 생각한다.

"We did not behave like that."

I laughed in my head when I heard that from old people.

As I grow old, I often want to think that they were right.

Then I try to think about how I was when I was younger.

I can't say that I always behaved properly.

Let's stop being hard on younger people.

"우리는 그렇게 행동 안 했다."
어르신들에게 이런 말을 들으면 속으로 웃었었다.
나이가 들면서 그분들이 옳았다는 생각이 자주 든다.
그러다 어릴 때 나는 어땠나 생각해본다.
내가 항상 제대로 행동했다고 말할 수는 없다.
나보다 어린 사람들에게 심하게 굴지 말자.

 • • • 이것만은 기억해요

behave 행동하다 | in my head 속으로 | grow old 나이 들어가다 | often 자주 | how I was
나는 어떠했나 | properly 적절히, 제대로 | Let's ~ ~하자 | stop ~ing ~하기를 멈추다 | be
hard on ~에게 심하게 굴다

나는 항상 제대로 행동했다고 말할 수 있나

"라떼는 말이야"라는 말을 부쩍 많이 듣는 요즘이에요. "나 때는 말이야"의 재미있는 변형이래요. '나는 안 그랬는데 요즘 애들은 왜 이러지?' 하는 마음의 표출인 거죠. 자신보다 젊은 세대를 이해하지 못하고 옛날 자기 세대의 가치만 옳다고 우기는 사람을 '꼰대'라고 합니다. 저는 '꼰대는 되지 말아야지'라며 자주 다짐하기는 해요. 그런데도 저도 모르게 "라떼는 말이야"가 나옵니다. 자기가 아는 방식으로 세상을 보니까 그렇다고 생각해요. 그래서 요즘 사람들은 왜 저런가 하는 의문이 들 때마다 생각을 고쳐먹습니다.

분명한 건 나 같은 사람, 나처럼 행동하는 사람이 많으면 세상이 나아질 것이 없어요. 지금 젊은이들이 살아가기 힘든 세상을 만든 책임이 우리 세대에게 있기 때문입니다. 게으름 피우지 않고 열심히 살았지만 지나고 보니 부동산 지옥, 교육 지옥, 경제 불평등, 환경 파괴의 주범이 바로 우리 세대입니다. 그래서 저는 젊은 세대를 탓할 수 없습니다. 탓하는 대신 기대해요, 젊은 그대들이 세상을 바꿔줄 것을. 그리고 이렇게 말하고 싶습니다.

"미안합니다, 잘 부탁합니다."

오늘의 한 문장 • • •

I can't say that I always behaved properly.
내가 항상 제대로 행동했다고 말할 수는 없다.

Express your love to your parents or colleagues.

Smile a little and give them hugs.

Say kind words or send sweet messages.

Mother Teresa said, "Spread love everywhere you go.

Let no one ever come to you without leaving happier."

부모님이나 직장 동료에게 사랑을 표현하세요.

미소를 살짝 띠고 포옹을 하세요.

친절한 말을 하거나 다정한 메시지를 보내세요.

테레사 수녀님이 말씀하셨죠. "어디를 가든지 사랑을 펼치세요.

그대와 만난 사람은 누구라도 더 행복해지게 하세요."

 ···이것만은 기억해요

express ~을 표현하다 | colleague 동료 | a little 조금 | give a hug 포옹하다 | sweet 상냥한 | send messages 메시지를 보내다 | spread ~를 펼치다, 퍼뜨리다 | everywhere 어디서나 | let no one ~ without ~ ~하지 않고는 아무도 ~하지 않게 하다(이중부정: 모두가 반드시 ~한 상태로 ~하게 하라) | leave happier 더 행복한 상태로 두다, 행복해져서 떠나다

칭찬도 연습이 필요해

죽음을 앞둔 사람들이 가장 많이 하는 후회는 가족에게 사랑한다는 말을 많이 하지 못한 것이라고 합니다. 사랑하는 마음을 표현하고 칭찬을 능숙하게 하는 사람은 많지 않아요. 아이라면 모를까 성인에게는 특히 어렵고 어색하지요. 굳이 표현하지 않아도 상대가 알겠거니 하는 마음도 있고요. 그런데 애정 표현이나 칭찬도 연습하면 더 잘할 수 있답니다.

저는 심지어 싫은 사람에게도 억지로 칭찬을 해봤어요. 몇 번 하니 나중에는 그 사람이 싫지 않더군요. 장점이 보여 사람을 다시 보게 되는 신기한 경험까지 했지요. 운동을 열심히 하면 근육이 생기는 것처럼 말을 잘하면 표현 근육이 생깁니다.

예를 들어 누가 제시간에 나오면 "시간을 잘 지키시니 참 좋습니다"라고 말하고, 밥을 잘 먹으면 "잘 드시니 이 음식점 또 와야겠어요"라고 말하는 겁니다. 그런 말을 어떻게 하냐고요? 처음부터 잘하는 사람이 어디 있나요. 말하지 않으면 알 수 없어요. 상대를 관심있게 보고 있다가 그 사람의 좋은 행동을 언급하세요. 단, 진심을 담아서 말이죠. 옆 페이지 영어 문장도 함께 읽어보세요. 제가 영어로 조언 좀 했습니다.

오늘의 한 문장···

Spread love everywhere you go.
어디를 가든 사랑을 펼치세요.

I've always been trying to learn something new.

I am taking some online courses to get a diploma.

After my kids fall asleep, I take classes at night.

It's like having your teachers in your living room.

Studying on a daily basis is not easy, but I love it!

나는 항상 새로운 걸 배우려고 노력해왔다.

자격증을 하나 따기 위해 온라인 수업을 듣고 있다.

아이들이 잠들면 나는 수업을 듣는다.

(온라인 수업은) 선생님들을 자기 집 거실에 모셔다놓는 것 같다.

매일 공부한다는 건 쉽지 않지만 나는 참 좋다!

 • • • 이것만은 기억해요

take a course 과정을 수강하다 | **online courses** 온라인 강의 | **get a diploma** 자격증을 따다 | **fall asleep** 잠들다 | **take a class** 수업을 듣다 | **at night** 밤에 | **it's like** ~와 마찬가지다 | **living room** 거실 | **on a daily basis** 매일 규칙적으로

256

100세 시대를 대비하는 현실적인 방법

공기업 간부 한 사람이 지게차 운전을 배우기에 왜 그러는가 했더니 정년 후에 현장에서 짐 나르는 일을 하겠다고 하더군요. 앞으로 받을 연금에 그렇게 일하면서 생길 수입을 합하면 훨씬 여유로울 테니까요. '100세 시대'라는 말이 전혀 낯설지 않은 지금, 문제는 역시나 경제력입니다. 인생 초반에 겨우 20~25년 받은 교육으로 50대 후반에서 60대 초반까지 직장생활을 하고, 이후 30년에서 길게는 50년을 여유 있게 살기란 생각만큼 쉽지 않으니까요. 린다 그래튼과 앤드루 J. 스콧의 저서 《100세 인생 The 100-Year Life: Living and Working in an Age of Longevity》에서는 이렇게 주장합니다.

"교육-일-퇴직으로 이어지는 3단계 삶은 이제 완전히 불가능하다. 100세 시대에는, 현직에 있는 동안 끊임없이 자기계발을 하여 퇴직 후 소소한 경제활동을 계속해야 한다."

요즘 아이를 키우면서, 그리고 직장일을 하면서도 자기계발을 하는 사람들이 참 많습니다. 그들은 지금도 외국어를 배우고 다양한 자격증을 따고, 요리를 배우는 등 새롭게 도전하는 삶을 살고 있어요. 항상 무언가를 배우는 학습형 인간. 새로운 것을 배우는 사람만이 우리 눈앞에 다가온 100세 시대를 격조 있게, 사람답게 살아갈 수 있답니다.

오늘의 한 문장···

I am taking some online courses to get a diploma.
자격증을 하나 따기 위해 온라인 수업을 듣고 있다.

We are the sum total of our thoughts of yesterday.

We are the sum total of our experiences.

Blaise Pascal said,

"You are today where the thoughts of yesterday have brought you

and you will be tomorrow where the thoughts of today take you."

지난 세월 자기가 한 생각의 종합이 지금의 우리다.
자기 경험의 총량이 지금의 우리다.
블레즈 파스칼은 이렇게 말했다.
"어제의 생각이 오늘의 당신을 만들고,
오늘의 생각이 내일의 당신을 만든다."

 •••이것만은 기억해요

the sum total 총량 | **thought** 생각 | **yesterday** 어제, 과거 | **experience** 경험 | **today** 오늘,
현재 | **bring** ~을 데려오다, 초래하다(과거형 brought, 과거완료 brought) | **tomorrow** 내일,
미래 | **take** ~를 데려가다

지금의 나는 과거의 총합

5년 전 친구 딸의 결혼식이 참으로 아름다웠어요. 화려한 장식이나 고급 식사 때문이 아니라 참석한 하객 모두한테서 나오는 진심 어린 축하가 식장의 공기를 따스하게 만들었기 때문입니다. 저도 친구를 몹시 사랑하기에 모든 순서에 집중하고 주례 말씀도 경청하며 힘껏 박수를 쳤어요.

결혼식을 보면서 친구 부부와 사돈어른들이 평생을 얼마나 모범적으로 살아왔는지 짐작할 수 있었습니다. 일생에 걸친 부모의 생각과 말, 그리고 행동이 자식 앞에 놓여 있는 축복의 저울에 올라간다는 사실을 깨달았던 순간!

'부모가 착하게 살면 자식이 복을 받는다'는 어른들 말씀이 헛말이 아니더군요. 그날 신혼부부가 받는 넘치는 축복을 보니 부러우면서 동시에 두려운 마음이 생겼습니다. 앞으로 다가올 내 아이의 결혼식 모습은 어떠할까 해서요. 나는 어떻게 살아왔을까, 내 살아온 총합이 현재로 나타난다는데, 그게 자식의 결혼 예식에서 드러날 줄이야! 최소한 자식에게로 오롯이 가야 할 축복을 막는 걸림돌은 되지 말아야 하는데 말입니다. 파스칼의 명언을 보면서 든 생각이었는데 영어로도 읽어 보세요.

오늘의 한 문장···

We are the sum total of our thoughts of yesterday.
지난 세월 자기가 한 생각의 총합이 지금의 우리다.

I have a friend who speaks clearly in a direct way.

Some people think that she has a rather sharp tongue.

Sometimes she is blunt, but it doesn't sound rude.

She also has a good sense of humor, making people laugh.

I like the way she makes fun of others.

분명하게 직설적으로 말하는 친구가 있다.

어떤 사람들은 그 애가 좀 독설가라고 생각한다.

가끔 직설적이긴 한데 무례하지는 않다.

유머 감각도 좋아 사람들을 웃게 만든다.

나는 그 친구가 사람들을 놀리는 방법이 재미있다.

 • • • 이것만은 기억해요

clearly 분명하게 | **in a direct way** 직설적으로 | **think (that)** ~이라 생각하다 | **rather** 약간 | **sharp tongue** 독설 | **blunt** 직설적인 | **sound** ~같이 들리다 | **rude** 무례한 | **sense of humor** 유머 감각 | **make [A] laugh** A를 웃게 만들다 | **the way ~** ~하는 방식 | **make fun of** ~를 놀리다

관계의 8할, 말 잘하는 기술이 필요해

관계 맺기 기술의 8할은 말에서 비롯된다고 생각해요. 사람들과 섞여 살며 말은 항상 조심스럽더군요. 말을 직설적으로 하는 사람에게 '사이다 같다' 또는 '돌직구 날린다'라고 하는데 어찌 보면 건방지고, 다르게 생각하면 감정 표현에 솔직하다고 할 수 있습니다. 건방짐과 정직함의 차이는 얼마나 진심을 담아 말하느냐로 구분된다고 생각해요. 신뢰하는 사이라면 당연히 건설적인 충고나 유머로 받아들일 수 있지요. 하지만 아무리 교양 있는 말투로 해도 하는 말마다 상대의 마음을 불편하게 하는 사람도 있어요. 진심이 담기지 않은 말이라서 그래요. 어떤 사람은 내게 관심도 없으면서 왜 나를 만나러 올까 생각해보니 그냥 자기 과시를 위해 오는 것이더군요. 나에 대한 정보가 없으니 아무 말이나 묻고, 자기 얘기로 시간을 채웁니다.

남의 흉만 들먹일 게 아니라 사실 저도 실수가 잦습니다. 나이 들수록 입이 무거워야 한다는 생각이 종종 들어요. 특히 슬그머니 다른 사람 흉을 보고 나면 하루 종일 마음이 불편합니다. 사람들이 내 말을 재미있어 한다고 착각해 흥에 겨워 떠들다 보면 굳이 안 해야 할 말도 하게 돼요. 솔직하면서도 재미있게 말하는 기술, 인간관계의 중요한 자산입니다.

오늘의 한 문장・・・

She also has a good sense of humor, making people laugh.
그녀는 유머 감각도 좋아 사람들을 웃게 만든다.

Every morning I wake up feeling happy.

I am happy to have met so many special people in my life.

I am grateful to have such an amazing husband.

I am grateful to have healthy, beautiful children.

I am also thankful to have good people as my friends.

I can't deny that I am truly blessed.

나는 매일 아침 행복해하며 잠에서 깬다.
내 생애에서 특별한 사람들을 많이 만나 정말 행복하다.
이렇게 좋은 남편을 만나서 감사하다.
건강하고 예쁜 아이들이 있어서 감사하다.
좋은 사람들을 친구로 두어 고맙다.
내가 진실로 축복받았음을 부정할 수 없다.

 •••이것만은 기억해요

every morning 매일 아침 | **wake up** 잠에서 깨다 | **be grateful to [동사]** ~해서 감사한 | **amazing** 훌륭한 | **healthy** 건강한 | **thankful to [동사]** ~해서 감사한 | **as** ~로서 | **deny (that)** ~를 부인하다 | **truly** 진실로 | **be blessed** 축복을 받다

국가 공인 행복등급 올리기 작전

우리 몸엔 행복을 느끼는 유전자가 있는 걸까요? 어떤 사람은 사소한 것에도 행복을 느끼는 반면, 다른 이들보다 많은 걸 누리면서도 늘 불행하다고 느끼는 사람도 있잖아요. 선천적으로 행복센서가 잘 작동하는 사람은 작은 일에도 만족하는 것 같습니다. 행복하게 살고 싶지 않은 사람은 아마 없을 겁니다. 그런데 문제투성이인 세상을 치열하게 살다 보면 그게 또 마음만큼 쉽지 않네요. 선천적인 게 아니면 그럼 부단히 노력해야 가능한 걸까요? 어떤 사람들은 행복이 인생의 목표가 아니므로 행복이라는 이슈에 아등바등 매달리지 말라고 합니다. 그렇지만 도인이라면 모를까 동의하기 어렵지요.

만족스럽지 않으면 변화를 꾀해야지, 그런 노력도 없으면서 자신이 불행하다는 사람들을 봅니다. 그래서 제가 엉뚱한 생각을 해봤어요. 국가 공인 행복력을 정하는 겁니다. 행복1등급, 2등급 설정해놓으면 높은 등급 받으려고 행복에 대해 공부하지 않을까요? 절대평가여서 누구나 오를 수 있는 등급이고 우수자 선발도 없는 등급 말이에요. 찡그리고 불평하면서 버려지는 시간이 아깝습니다. 우리는 작은 행복 그러모아 등급 올리기 합시다. 작은 행복을 모으려면 작지만 소중한 일상을 기억해야 합니다. 왼쪽 페이지 영어 문장에 담긴 작은 행복의 예를 틈틈이 떠올려보세요.

오늘의 한 문장··· 🐊

I can't deny that I am truly blessed.
내가 진실로 축복받았음을 부정할 수 없다.

I saw a rude customer yelling in a store.

The clerk stayed calm and said quietly,

"I'm just telling you that it's our policy, ma'am."

She seemed to know nothing is gained by arguing with fools.

Fools keep repeating what they know

as if they were the only ones smart enough to know it.

무례한 고객이 가게에서 소리를 지르는 걸 보았다.
점원은 가만히 있다가 조용히 말했다.
"이것이 저희의 방침이라고 말씀드릴 뿐입니다, 사모님."
그녀는 바보들과 싸워봤자 얻는 게 없음을 아는 것 같았다.
어리석은 자들은 계속 자기가 아는 것을 되풀이한다.
마치 자기만 똑똑해서 아는 듯이.

 ···이것만은 기억해요

rude 무례한 | **customer** 고객 | **clerk** 점원 | **stay calm** 가만히 있다 | **policy** 정책, 규칙 | **ma'am** 사모님 | **gain** ~을 얻다 | **argue with** ~와 논쟁하다 | **fool** 바보 | **repeat** ~을 반복하다 | **as if** 마치 ~이기라도 한 듯이 | **smart enough to [동사]** ~할 만큼 똑똑하다

때로는 침묵이 가장 큰 공격

대형 백화점 매장에서 목격한 일입니다. 제 앞에서 소란스러운 소리가 나더군요. 어떤 사람이 환불을 요구하는 과정에서 직원이 규정을 설명한 모양인데, 그 사람은 직원이 자기를 비웃었다는 겁니다. 아무리 아니라고 해도 비웃는 느낌을 자기는 분명히 받았다고 계속 화를 냈어요. 느낌이야 입증할 수 있는 증거가 아니니 억지소리로 들릴 수밖에요. 설령 직원이 정말로 무시했다 하더라도 그 사람이 하도 소리를 질러대니까 말 자체에 신뢰가 안 가는 겁니다.

그런데 직원은 침묵을 유지하며 상대가 계속 언성을 높이게 두더군요. 시간이 갈수록 혼자 떠들던 그 사람만 우스꽝스럽게 됐어요. 만일 직원이 계속 아니라고 부인하거나 무언가를 설명하려고 애썼다면 그 사람은 더더욱 난리를 쳤을 겁니다. 직원은 격앙된 사람과 논쟁해봤자 얻을 게 없다는 것을 경험으로 알았나 봅니다.

멀찍이서 보고 있노라니 다짜고짜 소리를 질러대는 무례한 고객이 망신당하는 게 은근히 재미있었어요. 그리고 때로는 침묵이 가장 큰 공격이라는 걸 알았습니다.

오늘의 한 문장···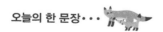

Fools keep repeating what they know.
어리석은 자들은 계속 자기가 아는 것을 되풀이한다.

My problem was that I could not take criticism at work.

I stayed awake all night figuring out what was wrong with me.

Now I just try not to take it personally.

Aristotle said,

"The only way to avoid criticism is by doing nothing."

At least I tried to do something and that's what counts.

회사에서 지적을 들으면 그걸 받아들이지 못하는 것이 나의 문제였다.
밤새 잠 못 이루고, 무엇이 잘못된 것인지 곱씹었다.
이제는 나에 대한 지적으로 생각하지 않으려고 한다.
아리스토텔레스는 비난을 피하는 유일한 길은 아무것도 안 하는 것이라 했다.
최소한 나는 무언가를 했고, 그것이 중요하지 않은가.

 ···이것만은 기억해요

problem 문제 | **take criticism** 비판을 수용하다 | **stay awake all night** 밤새 깨어 있다 |
figure out 생각해내다 | **wrong** 잘못된 | **take [A] personally** A를 개인적으로(기분 나쁘게)
받아들이다 | **avoid** ~를 피하다 | **at least** 최소한 | **what counts** 중요한 것

그런가요? 다시 생각해볼게요

말하는 입장에서는 상대에게 애정 어린 조언을 했는데, 듣는 사람 입장에서는 지적받는 것일 수 있어요. 그러나 사적인 자리 말고 조직에서나 업무를 진행할 때는 경우가 다릅니다. 충고를 들었으면 잘못은 인정하고 고치면 될 것을, 말 한마디에 하루 종일 풀이 죽어 전체의 분위기를 망치는 사람이 있어요. 결국 말한 사람도 언짢고, 필요한 조언에 그리 반응한 사람은 옹졸한 사람이 됩니다. 문제는 그런 태도를 연이어 보이면 결국엔 고립된다는 거예요. 사람들이 어지간하면 그에게 말을 안 하게 되니까요.

누가 나의 사람됨을 근거 없이 비난하면서 그걸 조언이랍시고 한다면 풀이 죽을 게 아니라 당당하게 맞대응해야 합니다. 하지만 어떤 일을 처리할 때 내 행동의 문제점에 대해 뼈아픈 지적을 들으면 그건 도움이 되니 받아들여야 해요. 저도 남이 내 일에 대해 말하는 건 싫습니다. 상대가 선을 넘는 것 같다는 느낌이 들 때도 있어요. 하지만 그런 말을 귀담아 듣지 않았다면 지금까지 같은 분야에서 30여 년 일할 수는 없었을 겁니다. 건설적인 비판은 절대적으로 새겨들어야 합니다.

"그런가요? 다시 생각해볼게요." 이 한마디면 됩니다.

오늘의 한 문장···

The only way to avoid criticism is by doing nothing.
비난을 피하는 유일한 길은 아무것도 하지 않는 것이다.

I know a man who is in a high position.

Everyone knows it because he always talks about it.

He speaks loudly in quiet restaurants

and parks his car on sidewalks.

On top of it,

he doesn't use honorifics when talking to young people.

I would not call him a decent person.

높은 지위에 있는 어떤 사람을 안다.

본인이 항상 그 얘기를 하기 때문에 사람들이 다 안다.

그 사람은 조용한 식당에서 큰 소리로 말하고 인도에다 차를 세운다.

무엇보다도 젊은 사람한테 반말로 말을 붙인다.

난 그를 품위 있는 사람이라 부르지 않겠다.

 • • • 이것만은 기억해요

high position 높은, 중요한 위치 | **loudly** 큰 소리로 | **quiet** 조용한 | **park** ~를 주차하다 |
sidewalk 인도 | **on top of it** (앞에서 말한 것보다) 더한 것은, 무엇보다도 | **honorifics** 존댓말
| **I would not** 나는 ~라 하지 않겠다 | **call [A] [B]** A를 B라 부르다 | **decent** 고상한, 점잖은

사회적 지위와 적절한 품위

영어 단어 'decent'는 '사회적으로 인정될 만큼 올바르고 품위도 적당한'이라는 뜻을 가진 형용사입니다. 만약 누군가가 'decent'한 사람이라면 참 멋진 평가를 받은 거라고 생각합니다. 올바른 데다 품위까지 갖췄다니 말이지요.

저는 학생 시절에 통역 일을 했어요. 요즘 말로 '알바'를 했던 거죠. 어린 나이에 어른들 중대사인 국제 업무에서 통역을 해야 하니 누가 되지 않기 위해 정말 최선을 다할 수밖에요. 하지만 저를 고용했던 사람 중에는 어린 학생이라고 하찮게 보는 사람이 많았습니다. 일을 마치고 통역비를 줄 때 어찌나 거드름을 피우는지 지금 생각해도 기분이 나쁩니다. 외국인과 마주 앉아 있을 때는 그렇게 점잖은 척하더니 끝나고는 태도가 전혀 다르더군요. 본인이 영어를 못해서 도움을 청해놓고 나이가 어리다고 통역 후에는 그렇게 돌변하다니. 그래서 저는 일찌감치 사회적 지위와 품위는 비례하지 않는다는 걸 경험했습니다. 사회적으로 성공했는지는 모르겠지만 인격을 갖추지 못한 사람들이 의외로 많다는 것도요. 여러 사람들 만나고 겪다 보면 이런 쓸쓸한 경험, 꽤 많으시죠?

오늘의 한 문장···

I would not call him a decent person.
난 그를 품위 있는 사람이라 부르지 않겠다.

Being too serious makes it hard to think positively.

Try to force a smile from yourself in the mirror.

It sounds silly, but it makes you laugh.

When you laugh, it tricks your brain into thinking

that you're happy.

Laugh and try to be funny.

너무 진지하면 긍정적으로 생각하기 어렵게 된다.
거울을 보며 억지로라도 미소를 지어라.
한심한 것 같지만 그 때문에 웃게 된다.
웃음은 뇌로 하여금 행복하다고 느끼게 만든다.
웃어라, 그리고 웃겨라.

 ···이것만은 기억해요

serious 진지한 | **[A] makes it hard to [동사]** A 때문에 ~하기 어려워진다 | **positively** 긍정적으로 | **try to [동사]** ~하려고 애쓰다 | **force** 억지로 ~하다 | **in the mirror** 거울에 비친 | **sounds** ~처럼 들리다 | **silly** 우스꽝스러운 | **trick [A] into ~ing** A를 ~하도록 속이다 | **funny** 웃긴, 재밌는

웃으세요, 그리고 웃기세요

저는 기도 중에도 가끔 하느님 웃으시라고 웃긴 표정을 짓곤 해요. 다들 숭고하고 진지하게 기도하니 심심하실 거 같아서요. 웃는다는 건 쉬운 일이 아닌가 봐요. 분위기 좀 바꿔보려고 농담을 했는데 그 말을 곰곰 씹어 무슨 뜻이냐고 나중에 해명을 요구하는 사람도 있고, 웃자고 한 소리에 세상 진지하게 다큐멘터리를 찍는 사람도 있습니다. 제가 좋아하는 사람들은 모두 무척 활달하고 명랑한 성격이라 웬만해선 진지하기가 힘든 사람들이에요. 시답잖은 얘기로 시간을 보내며 한참 웃다가 헤어지기 일쑤죠. 그런데 다들 사회에서 내로라하는 위치에 있는 사람들입니다.

저는 영어 실력이 지금보다 한참 낮았어도 외국인 친구와 우정을 나눌 수 있었는데, 그건 언어 능력이 아닌 저의 까불거림과 유머 덕분이었습니다. 잘 웃으면 가벼워 보이고 품위가 없어 보인다고 생각하나요? 저는 상대를 웃게 하는 사람이 참 좋습니다. 그리고 제 자신이 많이 웃는 사람이 되고 싶습니다. 앞으로도 더 많이 웃고 웃겨야 해서 유머학원 있으면 다니고 싶어요.

매일 더 많이 웃고 주위에 웃음도 나눠줘야 하는 이유는 왼쪽 페이지에 영어로 담았습니다. 여러분도 웃으세요, 그리고 실컷 웃기세요!

오늘의 한 문장 · · ·

Try to force a smile from yourself in the mirror.
거울을 보며 억지로라도 미소를 지어라.

오늘도 하루 종일 아이 돌보느라 씨름하셨나요?
잠든 아이를 보면서 이런저런 생각이 드나요?
다 괜찮습니다.
그대는 육아라는 어려운 일을 매일 해내고 있는,
아이에겐 이미 최고의 엄마랍니다.